हस्तरेखा विज्ञान

हाथ की रेखाओं से भविष्य कथन

लेखक
सुरेन्द्र नाथ सक्सेना
पॉमिस्ट एण्ड न्यूमरलॉजिस्ट
(हस्तरेखा और अंकविद्या शास्त्री)

वी एण्ड एस पब्लिशर्स

प्रकाशक

वी एण्ड एस पब्लिशर्स

F-2/16, अंसारी रोड, दरियागंज, नयी दिल्ली-110002
☏ 23240026, 23240027 • फैक्स: 011-23240028
E-mail: info@vspublishers.com • Website: www.vspublishers.com

शाखा: हैदराबाद

5-1-707/1, ब्रिज भवन (सेन्ट्रल बैंक ऑफ इण्डिया लेन के पास)
बैंक स्ट्रीट, कोटी, हैदराबाद-500 095
☏ 040-24737290
E-mail: vspublishershyd@gmail.com

शाखा : मुम्बई

जयवंत इंडस्ट्रिअल इस्टेट, 2nd फ्लोर - 222,
तारदेव रोड अपोजिट सोबो सेन्ट्रल मॉल, मुम्बई - 400 034
☏ 022-23510736
E-mail: vspublishersmum@gmail.com

फ़ॉलो करें:

हमारी सभी पुस्तकें **www.vspublishers.com** पर उपलब्ध हैं

© कॉपीराइट: वी एण्ड एस पब्लिशर्स
ISBN 978-93-815887-9-6
संस्करण: 2016

भारतीय कॉपीराइट एक्ट के अन्तर्गत इस पुस्तक के तथा इसमें समाहित सारी सामग्री (रेखा व छायाचित्रों सहित) के सर्वाधिकार प्रकाशक के पास सुरक्षित हैं। इसलिए कोई भी सज्जन इस पुस्तक का नाम, टाइटल डिजाइन, अन्दर का मैटर व चित्र आदि आंशिक या पूर्ण रूप से तोड़-मरोड़ कर एवं किसी भी भाषा में छापने व प्रकाशित करने का साहस न करें, अन्यथा कानूनी तौर पर वे हर्जे-खर्चे व हानि के जिम्मेदार होंगे।

मुद्रक: परम ऑफसेटर्स, ओखला, नई दिल्ली-110020

प्रकाशकीय

यह सत्य है कि भारतवर्ष को विश्व गुरु की संज्ञा दी गयी है। भारतवर्ष के प्राचीन ऋषि-मुनियों ने विश्व को जो अनमोल उपहार भेंट किये हैं उनमें से एक हस्तरेखा विज्ञान भी है। महर्षि वाल्मीकि ने आज से 6-7 हजार वर्ष पूर्व हस्तरेखा शास्त्र पर 567 श्लोकों का एक ग्रन्थ लिखा था। भारत से ही यह ज्ञान तिब्बत, चीन, मिस्र और यूनान पहुँचा।

आधुनिक काल में हस्तरेखा ज्ञान को लोकप्रिय बनाने का श्रेय सुप्रसिद्ध हस्तरेखा शास्त्री कीरो (Cheiro) को जाता है। कीरो ने अपनी पुस्तक 'Language of Hand' में लिखा है कि वह भारत आये थे तथा भारत के पण्डितों से हस्तरेखा का ज्ञान सीखे थे।

हस्तरेखा विज्ञान एक गहन और दुरूह शास्त्र है। आवश्यकता है श्रद्धा के साथ मनन और अभ्यास की। प्रस्तुत पुस्तक **'हस्तरेखा विज्ञान'** इन्हीं सब समस्याओं को दूर करने के लिए प्रामाणिक रूप में तैयार की गयी है। पुस्तक की भाषा सरल, सहज एवं बोधगम्य है जिससे प्रत्येक वर्ग का पाठक विषय को आसानी से समझ सके। जगह-जगह पर अँग्रेजी शब्दों का प्रयोग भी दिया गया है जिससे किसी शब्द के विषय में कोई संशय न रहे। पुस्तक की प्रस्तुति में पाठकों की जिज्ञासाओं एवं ज्ञान की व्यापकताओं को भी ध्यान में रखा गया है। पुस्तक नवीनतम ज्ञान (Latest Knowledge) पर आधारित है। यह हस्तरेखा विज्ञान की पहली ऐसी पुस्तक है जिसमें हस्तरेखाओं के फलों की व्याख्या करते हुए ग्रहों के बुरे व हानिकारक प्रभावों से बचने के अचूक मनोवैज्ञानिक उपायों पर प्रकाश डाला गया है। पुस्तक के लेखक सुरेन्द्र नाथ सक्सेना जाने-माने हस्तरेखा शास्त्री और अनेक मनोवैज्ञानिक तथा आध्यात्मिक पुस्तकों के लेखक हैं।

यदि कुछ त्रुटियाँ रह गयी हों तो आप इन त्रुटियों के तरफ हमारा ध्यान आकर्षित कर अपना सत्परामर्श देंगे। आपके सत्परामर्श से ही हम ऐसी त्रुटियों का निराकरण कर सकेंगे। आपके सहयोग की अपेक्षा है।

हमें आशा ही नहीं, बल्कि पूर्ण विश्वास है कि आप इस पुस्तक को पढ़कर अवश्य लाभान्वित होंगे।

समर्पण

यह पुस्तक सादर समर्पित है
विश्वप्रसिद्ध हस्तरेखा शास्त्री
जॉन वार्नर 'कीरो' को
(उन्हें काउण्ट लुइस हेमन भी कहते हैं।)
जिन्होंने भारतीय हस्तसामुद्रिक शास्त्र को
पूरे विश्व में प्रतिष्ठित किया।

दो शब्द

"आप निश्चय ही जीवन में सफलता व सुख पायेंगे। दिली कोशिश करने पर आप जो चाहेंगे, वह उचित रूप में, उचित समय पर आपको अवश्य मिलेगा।"

प्रिय पाठक! यह भविष्यवाणी मैं आपके इस एक्शन को देखकर लिख रहा हूँ कि आपने इस पुस्तक को उठा लिया है और पढ़ रहे हैं। यह भविष्यवाणी उसी तरह सच्ची है जैसे एक रसोइया चावल का एक दाना परखकर पूरे चावलों के बारे में बता देता है कि वे पक गये हैं, तैयार हो चुके हैं।

जी हाँ, आप सफलता पाने के लिए तैयार हो चुके हैं। क्यों?

क्योंकि आपके अन्दर उचित ज्ञान पाने की चाह है और इस चाह में ही वह इच्छाशक्ति (Will Power) है जो बड़ी-बड़ी समस्याओं और नाकामियों को महान सफलता में बदल देती है।

आपमें यह इच्छाशक्ति है तभी आप इन पंक्तियों को पढ़ रहे हैं।

ज्ञान शक्ति है और इस शक्ति का जो सदुपयोग करता है वही सफलता के सिंहासन का स्वामी बनता है। आलसी नहीं।

इस पुस्तक को पढ़ने के बाद आप अपनी खूबियों को भली प्रकार जान सकेंगे और कमियों को भी।

मनोवैज्ञानिकों के अनुसार सफलता का छोटा-सा सूत्र है,

अपनी कमियों को जानो और उन्हें दूर करो!

अपनी खूबियों को जानो, बढ़ाओ और उनका उपयोग करो।

आप अपनी कमियों को दूर कर, परमात्मा द्वारा दिये अपने स्वभाव व रुचि के अनुसार व्यापार, व्यवसाय या नौकरी कर ऊँची से ऊँची कामयाबी पाने की कोशिश करेंगे।

जहाँ दिली कोशिश है, वहीं कामयाबी है।

फिर देर कैसी? "शुभस्य शीघ्रम"

आपकी जीवन यात्रा आनन्दपूर्ण हो! शुभ हो!

—सुरेन्द्र नाथ सक्सेना

विषय-सूची

परिचय 11
- प्राचीन भारत का अनमोल उपहार.. 11
- विज्ञान की कसौटी पर.. 12
- हाथों का विकास... 12
- हस्तरेखा शास्त्र और परामनोविज्ञान (Palmistry & Parapsychology).....13
- हस्तरेखा शास्त्र की उपयोगिता (Utility of Palmistry).........................14
- बुरे ग्रहों के प्रभाव से बचने के उपाय.. 15
- भविष्य की जानकारी से दुर्घटनाओं व आपत्तियों से बचाव..................... 17
- हस्तरेखाओं का अध्ययन और भविष्यवाणी सम्बन्धी सावधानियाँ............. 17
- भविष्य बताने में सावधानियाँ.. 18
- पुस्तक पढ़ने की विधि.. 20

अध्याय-1 हाथ का आकार-प्रकार 22
- हाथ (Hand)... 22
- हाथ का पृष्ठभाग (Back of the Hand)... 22
- हाथों पर बाल (Hair on the Hand).. 22
- लम्बी अँगुलियाँ (Long Fingers)... 23
- हथेली (Palm)... 23
- हाथ के प्रकार (Types of Hands)... 23
- हाथों को देखते समय की सावधानियाँ... 29
- स्त्री और पुरुष के हाथ.. 29
- हथेली और हाथ की अन्य विशेषताएँ.. 29
- छोटे और बड़े हाथ.. 30

अध्याय-2 हाथ का अँगूठा और अँगुलियाँ 31
- हाथ का अँगूठा.. 31
- हथेली और अँगूठा.. 31
- अँगूठे की स्थिति (Position of the Thumb)...................................31
- अँगूठे की लम्बाई (Length of the Thumb)....................................32
- अँगूठे की बनावट (Formation of the Thumb)...............................32
- कठोरता या लचीलापन (Hard or Supple).....................................34

- ★ अँगूठे के पर्व 34
- ★ अँगूठे के अन्य प्रकार व गुण 35
- ★ प्राचीन भारतीय हस्तसामुद्रिक के अनुसार गुण-दोष 35
- ★ अँगूठों के झुकाव के आधार पर भाग्य वर्गीकरण 36

अध्याय-3 अँगुलियाँ और उनके गुण-दोष 37
- ★ अँगुलियों के सन्धिस्थल और गाँठे (The Joints of Fingers & their Knots) . 37
- ★ तर्जनी अँगुली (Index Finger)/पहली अँगुली/बृहस्पति की अँगुली 40
- ★ मध्यमा अँगुली (Middle Finger) शनि की अँगुली 40
- ★ अनामिका अँगुली (Ring Finger) सूर्य की अँगुली 41
- ★ कनिष्ठिका अँगुली (Little Finger) बुध की अँगुली 41
- ★ अन्दर की ओर मुड़ी अँगुलियाँ 42
- ★ अँगुलियों के बीच खाली स्थान 43
- ★ हाथ का प्रकार और अँगुलियों के फल 43
- ★ अँगुलियों के पोरों पर चिह्न और उनके फल 43
- ★ नाखून (Nails) और स्वास्थ्य 44
- ★ रंगो की दृष्टि से पूरे हाथ का वर्गीकरण 46
- ★ ताप (गरमी) की दृष्टि से हाथों का वर्गीकरण 47
- ★ रेखाओं की दृष्टि से हाथ का वर्गीकरण 47

अध्याय-4 ग्रह क्षेत्र या पर्वत उनकी स्थिति तथा फल 49
- ★ अधिक उठे/दबे ग्रह क्षेत्र 55
- ★ हाथ के दो प्रमुख भाग 58
- ★ मंगल का बड़ा त्रिकोण तथा चतुष्कोण एवं उसके फल 58
- ★ सूर्य रेखा से बना त्रिकोण 58
- ★ ऊपरी कोण 59
- ★ मध्य कोण 60
- ★ निचला कोण 60
- ★ चतुष्कोण (Quadrangle) 60

अध्याय-5 हाथ की मुख्य रेखाएँ 62
- ★ हाथ की मुख्य रेखाओं का संक्षिप्त विवरण 62
- ★ टिप्पणी 67

अध्याय-6 रेखाओं के प्रकार तथा शुभ-अशुभ फल 68
- ★ रेखा का टूट जाना 70
- ★ शृंखलाबद्ध या जंजीरदार रेखा 70
- ★ फुँदनी 70
- ★ दो रेखाएँ 70

अध्याय-7 हाथ के विशेष चिह्न..71
- 1. सितारा (Star) 71
- 2. क्रॉस (Cross) 73
- 3. चतुष्कोण 74
- 4. द्वीप (Island) 75
- 5. मछली या मत्स्य रेखा (Fish) 75
- 6. त्रिकोण (Triangle) 75
- 7. त्रिशूल (Trident) या वाण की नोक 75
- 8. जाली (Grill) 76
- 9. क्रास बार (Cross Bar) 76
- 10. गोला (Circle) 76
- टिप्पणी 76
- रहस्यमय क्रॉस (La Croix Mystique) 76

अध्याय-8 आपका जीवन और आपका स्वास्थ्य 78
- जीवन रेखा (The Line of Life) 78
- जीवन रेखा का प्रारम्भ 80
- जीवन रेखा तथा मंगल रेखा 83
- जीवन रेखा तथा स्वास्थ्य रेखा 88
- जीवन रेखा का अन्त 89
- विज्ञान और हस्तरेखाएँ 89

अध्याय-9 आयु जानने की विधियाँ 92
- जीवन रेखा से आयु पता लगाना 92
- भाग्य रेखा से आयु पता लगाना 93

अध्याय-10 जीवन में शुभ-अशुभ यात्राएँ और दुर्घटनाएँ..................95
- दुर्घटनाएँ (Accidents) 97

अध्याय-11 सबसे महत्त्वपूर्ण रेखा-मस्तिष्क रेखा 99
- मस्तिष्क रेखा सम्बन्धी सामान्य लक्षण 101
- द्वीप 102
- चतुष्कोण 102
- मस्तिष्क रेखा का हाथ के आकार-प्रकार से सम्बन्ध 103

अध्याय-12 हत्या करने की सम्भावना बताने वाले लक्षण 106
- आत्म हत्या की सम्भावना बताने वाले लक्षण 106
- पागलपन की सम्भावना बताने वाले लक्षण 107
- टिप्पणी 107

अध्याय-13 आपकी हृदय रेखा (The Line of Heart) 108
अध्याय-14 हृदय, मस्तिष्क और विवाह रेखाएँ............................114
  ★ विवाह की आयु... 121
  ★ सन्तान रेखाएँ... 121
अध्याय-15-धन-सम्पत्ति और कैरियर......................................122
  ★ भाग्य रेखा (The Line of Fate)................................122
  ★ भाग्य रेखा का अन्त...126
अध्याय-16 सूर्य या विद्या रेखा (The Line of Sun or Apollo)...............128
अध्याय-17 प्राचीन प्रमुख हस्तरेखा-योग 134
उपसंहार - सफलता और सकारात्मक जीवन शैली........................144

परिचय

प्राचीन भारत का अनमोल उपहार

भारतवर्ष के प्राचीन ऋषि-मुनियों ने विश्व को जो अनमोल उपहार भेंट किये हैं उनमें से एक हस्तरेखा शास्त्र (Palmistry) भी है। इन महान ऋषियों में भृगु, कार्तिकेय, गर्ग, गौतम और वाल्मीकि के नाम विशेषरूप से उल्लेखनीय हैं। महर्षि वाल्मीकि ने आज से लगभग 6-7 हजार वर्ष पूर्व पुरुष हस्तरेखा शास्त्र पर 567 श्लोकों का एक ग्रन्थ लिखा था। भारत से यह ज्ञान तिब्बत, चीन, मिस्र और यूनान पहुँचा। प्राचीन यूरोप में यह ज्ञान वहाँ की घुमन्तू जाति जिप्सियों द्वारा फैला। जिप्सी आर्यों के वंशज माने जाते हैं जो भारत के निवासी थे।

ऐसा उल्लेख मिलता है कि यूनान (ग्रीस) के प्रसिद्ध व्यक्ति हिजानुस (Hispanus) को हर्मज (Hermes) की वेदी पर हस्तरेखा शास्त्र की पुस्तक मिली थी जो उसने सिकन्दर को भेंट की थी। ऐलोपैथिक चिकित्सा के जन्मदाता हिप्पोक्रेटस् अपने रोगियों की बीमारियों के मूल कारणों को जानने के लिए उनके हाथों और रेखाओं का भी अध्ययन करते थे।

हस्तरेखा शास्त्र का सम्बन्ध भारतीय सामुद्रिक शास्त्र, हस्तसामुद्रिक और फलित ज्योतिष से भी है। सामुद्रिक शास्त्र में व्यक्ति के पूरे शरीर के आकार-प्रकार व उन पर पड़े चिह्नों द्वारा उसका भाग्य जाना जाता है। फलित ज्योतिष में ग्रहों की गतियों व्यक्ति के जन्म का समय व स्थान के आधार पर ग्रहों की स्थितियों के अनुसार उसका भविष्य जानते हैं। इन शास्त्रों के साथ सम्बन्ध होते हुए भी 'हस्तरेखा शास्त्र' अपने आपमें एक स्वतन्त्र शास्त्र है।

आधुनिक काल में हस्तरेखा शास्त्र को लोकप्रिय बनाने का श्रेय सुप्रसिद्ध हस्तरेखा शास्त्री (Palmist) कीरो (Cheiro) को जाता है। उनका जन्म आयरलैण्ड में हुआ था। उनका वास्तविक नाम जान वार्नर था। वह काउण्ट लुइस हेमन (Count Louis Hamon) नाम से जाने जाते थे। कीरो ने अपनी पुस्तक 'लैंग्विज ऑफ हैण्ड' (Language of Hand) में स्वीकार किया है कि वह भारत आये थे और उन्होंने यहाँ के पण्डितों से हस्तरेखा शास्त्र का ज्ञान सीखा था। वह हिन्दुओं के दार्शनिक विचारों से बहुत प्रभावित हुए और उन्होंने उन विचारों को आगे बढ़ाया। वह

हिन्दू सभ्यता तथा संस्कृति से बहुत प्रभावित थे और इसके लिए उन्हें चर्च तथा पादरियों की कटु आलोचनाओं तथा घोर विरोध का सामना करना पड़ा परन्तु वे अपने निश्चय पर दृढ़ रहे। हस्त सामुद्रिक में से हस्तरेखा शास्त्र रूपी रत्न को बाहर निकालने तथा पूरे विश्व में उसका प्रचार करने के लिए काउण्ट लुइस हेमन निश्चय ही धन्यवाद के पात्र हैं।

भारतीय पामिस्ट्री (Palmistry) या हस्तरेखा शास्त्र को हस्तसामुद्रिक दो कारणों से कहते थे। प्रथम यह सामुद्रिक-शास्त्र से निकाला गया है, दूसरे हमारे हाथों में ही ज्ञान का वह समुद्र स्थित है जिसे जानकर हम अपने जीवन को सुखमय बना सकते हैं।

विज्ञान की कसौटी पर

आज का विज्ञान यह सिद्ध कर चुका है कि व्यक्ति के नाखूनों, अँगुलियों तथा हथेली के आकार-प्रकार एवं रंग से उसके रोग का ठीक-ठीक पता लगाया जा सकता है। इसके अतिरिक्त एक विचित्र ध्यान देने योग्य तथ्य यह पाया गया कि किसी भी व्यक्ति की अँगुलियों, अँगूठे और हथेली पर बनी रेखाएँ तथा चिह्न विश्व के किसी भी दूसरे व्यक्ति से नहीं मिलते। यहाँ तक कि जुड़वाँ बच्चों में भी ये चिह्न व रेखाएँ अलग-अलग प्रकार की होती हैं। इसीलिए व्यक्ति के अँगूठे की छाप को उसकी पहचान का प्रामाणिक सबूत माना जाता है।

हाथों का विकास

मनुष्य की अन्य सभी जीवों से उच्चता उसके हाथों के कारण है। एक स्तनपायी जीव होते हुए भी केवल वही पैरों के बल चलता और प्रायः सभी कार्य हाथों से करता है। मनुष्य का यह विकास होने में लाखों-करोड़ों वर्ष लग गये। उसके पूर्वजों ने जब दो पैरों से चलना शुरू किया तो उनके आकार में सबसे महत्त्वपूर्ण परिवर्तन मेरुदण्ड का सीधा होना तथा हाथों से अधिकाधिक कार्य करना था। सोच-विचार कर किये जाने वाले कार्यों के चेतना केन्द्र हमारे सिर (मस्तिष्क) में तथा अपने-आप होने वाले कार्यों के चेतना केन्द्र मेरुदण्ड में स्थित हैं। हाथों से सभी कार्य करने के कारण मस्तिष्क तथा मेरुदण्ड के स्नायुकेन्द्रों का हाथों के स्नायुकेन्द्रों से जुड़ना और बनना शुरू हुआ। इसके फलस्वरूप हाथों के स्नायुओं और मानव मनो-मस्तिष्क के चेतन, उपचेतन एवं अचेतन केन्द्रों के बीच सम्बन्ध स्थापित हुआ। स्नायुओं का यह सम्बन्ध इतना सूक्ष्म है कि मस्तिष्क में आने वाले छोटे-छोटे विचारों का प्रभाव भी तत्काल हाथ पर प्रकट होने लगता है। इन प्रभावों तथा हाथ द्वारा किये जाने वाले कार्यों से ही हाथ की रेखाओं आदि का विकास हुआ यही नहीं वरन् हमारे आन्तरिक अंगों की क्रियाओं के प्रभाव हाथों व हस्तरेखाओं पर

पड़ते है। हाथ में जितने स्नायुकेन्द्र हैं उतने किसी अन्य अंग में नहीं, जिस प्रकार प्रत्येक शिशु अपने माता-पिता से अपने जीन्स (वंशागत विशेषताओं के सूक्ष्म अंश) लेकर आता है, उसी प्रकार उनकी हस्तरेखाओं का प्रभाव भी उसकी हस्तरेखाओं पर पड़ता है। ये सभी तथ्य आज विज्ञान की कसौटी पर खरे उतर चुके हैं। अत: इन तथ्यों का सूक्ष्म अध्ययन और विश्लेषण करके उसका वर्तमान और भूतकाल ही नहीं वरन् भविष्य भी बताया जा सकता है क्योकि भविष्य व्यक्ति के भूतकाल में ही छिपा होता है।

हस्तरेखा शास्त्र और परामनोविज्ञान (Palmistry & Parapsychology)

सृष्टि निर्माता ने मनुष्य का भाग्य उसकी हस्तरेखाओं में लिखकर एक महान रहस्यमय सत्य को उजागर किया है। हमारा भाग्य हमारे हाथों अर्थात् कर्मों से बनता है। कुछ हस्तरेखा शास्त्रियों द्वारा यह माना जाता है कि पूर्व जन्मों में किये कर्मों से अर्जित फल जो हमारे अचेतन मन में जमा होते हैं, वे भी हस्तरेखाओं में प्रकट हो जाते है। अभी इस जन्म में हम जिस स्थिति में हैं, वह हमारे पूर्वजन्म के कर्मफलों तथा वर्तमान जीवन में किये जानेवाले कर्मों का ही फल है।

यद्यपि कुछ धर्मों में पूर्वजन्म की धारणा को नहीं माना जाता परन्तु संसार में एक नहीं वरन् अनेक परामनोवैज्ञानिकों ने निष्पक्ष होकर जो खोजें की हैं उनसे उपर्युक्त तथ्य सही पाया गया है, उदाहरण के लिए, वर्जीनिया विश्वविद्यालय के पैथालॉजी विभाग के चेयरमेन डा. इआन स्टीवेन्सन (Dr. Ian Stevenson) ने ऐसे अनेक व्यक्तियों के मामलो (Cases) का अध्ययन किया था जिन्हें अपने पूर्वजन्म के कर्मों के बारे में ज्ञान था और उनके विवरणों के आधार पर निष्पक्ष अन्वेषण करने पर पता चला कि वे सही थे।

'नेशनल इंस्टीट्यूट ऑफ मेन्टल हेल्थ एण्ड न्यूरो साइन्सेज' बंगलौर के निदेशक डा. आर. एम. वर्मा और डा. एच. एन. मूर्थी ने ऐसे 16 व्यक्तियों के मामलों (Cases) की सूक्ष्म जाँच कर यह स्वीकार किया था कि इन लोगों ने पूर्वजन्म की जिन घटनाओं, स्थानों, व्यक्तियों आदि के बारे में बताया था, वे सभी सत्य थे।

विदेशों में भी पूर्व जन्म के बारे में सूक्ष्म खोजबीन की जा चुकी है, उदाहरणार्थ गिना सर्मिनारा (Gina Cerminara) ने अपनी प्रसिद्ध पुस्तक 'मेनी मैंसन्स' (Many Mansions) में पूर्वजन्मों की सत्य घटनाओं का उल्लेख कर यह सिद्ध किया है कि यह धारणा सही है और पूर्वजन्मों के कर्मों का प्रभाव वर्तमान जीवन पर पड़ता है। पूर्वजन्म के बारे में जानने के लिए एम. वी. कामथ की (Philosophy of Life & Death) पढ़िए।

इस प्रकार परमात्मा प्रत्येक जीवात्मा को अपनी चेतना का विकास करने का पूरा अवसर देता है। यह पूर्ण विकास है- अपने परमानन्द से पूर्ण आत्मस्वरूप को समझना तथा अनुभव करना। अतः हस्तरेखा शास्त्र व्यक्ति को अपनी चेतना का विकास करने की प्रेरणा देता है। यह प्रेरणा उसे अपने विचारों तथा कर्मों में श्रेष्ठता लाने का मार्ग दिखाती है।

हस्तरेखा शास्त्र की उपयोगिता (Utility of Palmistry)

अपनी मानसिक रुचियों और सम्भावनाओं की जानकारी: इस शास्त्र के द्वारा यह ज्ञात किया जा सकता है कि हमारा मानसिक और आर्थिक झुकाव किस प्रकार के विषयों में है। हमारा मूल स्वभाव विज्ञान, कला, साहित्य, व्यापार आदि किस विषय की ओर सबसे अधिक है। उसमें क्या और किस प्रकार की बाधाएँ हैं। उन्हें किस प्रकार दूर किया जा सकता है? अपने स्वभाव अनुसार व्यवसाय या कोई अर्थोत्पादन कार्य अपनाने पर व्यक्ति को उसमें शीघ्र सफलता मिलती है।

अपने जीवन में आने वाली बाधाओं की पूर्व जानकारी होने से हम अपने आपको उनके लिए पहले से तैयार कर सकते हैं। इस सम्बन्ध में आपको एक आपबीती सत्य घटना सुनाता हूँ।

मेरे स्व. पिता श्री नन्दकिशोर एक अच्छे तथा प्रसिद्ध पॉमिस्ट थे। उन्हें इसका इतना शौक था कि लोगों के निःशुल्क हाथ देखते और भविष्य बताते थे। नगर के अनेक प्रसिद्ध लोग उनसे सलाह लेने आते रहते थे। उनको देखकर मुझे भी इसका शौक लग गया। मैंने उनकी हस्तरेखा शास्त्र की पुस्तकों को चुपचाप पढ़ना और मित्रों के हाथ देखने शुरू कर दिये।

जब मैं हाईस्कूल में था, मन में विचार आया कि अपना हाथ पिताजी को दिखाऊँ और पूछूँ कि किस यूनिवर्सिटी को पढ़ने जाऊँ क्योंकि उस समय हमारे कस्बे उरई में सिर्फ इण्टरमीडियट तक शिक्षा देने वाले कॉलेज थे। दो साल बाद मुझे कानपुर या लखनऊ जाना ही था। मेरा एक मित्र लखनऊ यूनिवर्सिटी में पढ़ रहा था। क्यों न पिताश्री से अभी उनकी सलाह ले ली जाये?

मेरे पिताजी उस समय एक अच्छे सरकारी पद पर थे। घर की आर्थिक स्थिति अच्छी थी और मुझे पूरा विश्वास था कि वह मेरी बात को मान लेंगे।

जब मैंने अपनी बात उनके सामने रखी तो बोले, 'अच्छा जरा अपना दाहिना हाथ दिखाना।' मैंने हाथ आगे बढ़ा दिया। पिताजी हँसी के मूड में लग रहे थे पर मेरा हाथ देखने के बाद कुछ गम्भीर हो गये। बोले, 'बायाँ भी दिखाओ।' मेरे दाहिने-बायें हाथ को थोड़ी देर देखने के बाद वह गम्भीरतापूर्वक कुछ हिसाब लगाते रहे, फिर बोले 'मैं तुम्हारे लिए कुछ करना भी चाहूँ तो कर नहीं सकता।

यूनिवर्सिटी की बात छोड़ो! तुम अपने को खूब रफ-टफ बनाओ। तुम्हें लगभग दो से ढाई साल के बाद कठोर संघर्ष करना पड़ेगा। यह संघर्ष आठ साल तक बहुत कठोर है। फिर धीरे-धीरे दो वर्ष में कम होते हुए खत्म हो जायेगा। फिर तुम अच्छी उन्नति करोगे। तुम्हें योग, लेखन और समाजसेवा कार्यों व गुप्त आध्यात्मिक विद्याओं से लाभ होगा। तुम कम से कम राज्य स्तर तक की प्रसिद्धि पाओगे।'

"लेकिन पिताजी आप तो कुछ मेरे लिए करेंगे ही!"

"नहीं बेटा! आयम सॉरी! मैं। संन्यास ले लूँगा या कहीं चला जाऊँगा। अपना भाग्य अच्छी तरह जानता हूँ।"

उदास मन लेकर मैं अपने कमरे में चला गया। कुछ दिनों में ही ट्यूशनें करनी शुरू कर दी और योगाभ्यास को बढ़ा दिया। पुस्तकें पढ़-पढ़कर अपना भाग्य जानने का प्रयत्न किया पर उससे कुछ विशेष नहीं जान सका। मेरे पिताजी के एक युवा मित्र थे, मिस्टर फ्रांसिस। वे इकोनॉमिक इण्टेलिजेंस इंस्पेक्टर थे और अच्छे पॉमिस्ट भी। वह मेरे प्रति बड़ा स्नेह रखते थे। अवसर पाकर मैंने उन्हें भी अपना हाथ दिखाया। उन्होंने लगभग सभी कुछ वहीं बताया जो पिताश्री ने बताया था। अन्त में उन्होंने कहा, "एक बात ध्यान रखना जो आदमी अपने कर्मों को शान्त और सन्तुलित मस्तिष्क से करता है, डिवाइन पॉवर्स हमेशा उसका साथ देती है। जीवन में कभी निराश मत होना। सबसे अच्छी बात यह है कि तुममें दृढ़ इच्छाशक्ति और परमात्मा पर विश्वास है। अभी दो साल हैं इनमें, मन लगाकर पढ़ायी करो।"

इण्टरमीडियट में मुझे कॉलेज का "बेस्ट ब्वाय ऑफ द कॉलेज" पुरस्कार मिला। मेरे माता-पिता, परिवार तथा रिश्तेदार सभी बड़े प्रसन्न हुए। और ठीक छः माह बाद दो वर्ष समाप्त होते ही मेरे पिताश्री बुरी तरह बीमार हो गये, उनका इलाज आदि कराने में सब कुछ जो मूल्यवान था बिक गया। इसी दौरान उनकी नौकरी भी खत्म कर दी गयी और एक दिन सुबह उनका हार्टफेल हो गया। ठीक उसी दिन जिस दिन वे अपनी माँ के पास जाने के लिए कह रहे थे। वास्तव में उनका अर्थ माँ अर्थात् परमात्मा से था। हम मूर्ख लोग समझे नहीं। पिता ने ॐ कहते हुए प्राण त्याग दिये। आगे की सत्यकथा गरीबी, कठिन जीवन और घोर संघर्ष की है। खुशी यह है कि उनकी अच्छी भविष्यवाणियाँ भी सत्य निकलीं।

बुरे ग्रहों के प्रभाव से बचने के उपाय

अपनी मृत्यु से कुछ ही दिन पूर्व एक रात पिताजी ने मुझे अपने पास बैठाकर कुछ महत्त्वपूर्ण शिक्षाएँ दी थीं। जो पाठकों के लाभ हेतु लिख रहा हूँ:-

पिताजी को बुखार था। उन्होंने कहा, "सुरेन्द्र! आओ! मेरे पास बैठो, बेटा!

मैं उनके बिस्तर के पायताने बैठ गया, बोला "जी, पिताजी! पैर दबा दूँ"?

"नहीं, नहीं! मैं तो सात दिन बाद सुबह की ट्रेन से माँ के पास चला जाऊँगा। तुम्हें कुछ जरूरी बातें बताना चाहता हूँ।"

"पिताजी! आप बातें नहीं करें तो अच्छा है। मैं पैर दबा रहा हूँ। आप सोने की कोशिश करिए।"

"नहीं! यह मेरा ऑर्डर है। मैं जो बताने जा रहा हूँ, उसे जानना तुम्हारे लिए बहुत जरूरी है।" उन्होंने कठोर स्वर में कहा।

"जी पिताजी! कहकर चुप हो गया। सोचा, जरूर कोई बेहद जरूरी बात होगी या तेज़ बुखार की वजह से बड़बड़ा रहे हैं।"

"ध्यान से सुनना! कभी तुम्हें मेरी ये बातें याद आयेंगी! जानते हो न कि हमारे सौरमण्डल में जितने ग्रह आदि हैं उनकी प्रकाश किरणें बराबर हर मनुष्य के तन-मन पर अपना असर डालती रहती हैं। इनके प्रभाव में आकर उसके अन्दर काम, क्रोध, लोभ, मोह, अहंकार में से एक या अनेक भावावेश बढ़ जाते हैं, जिसके कारण वह कोई गलत कर्म कर जाता है या करने लगता है। इसका कुफल दुर्भाग्य के रूप में देर-सबेर जरूर मिलता है। जिससे उसे खुद और परिवार को दुःख के दिन देखने पड़ते हैं। अतः हमें सोच-समझकर अच्छे कर्म करना चाहिए और बुरे कर्मों से दूर रहना चाहिए।"

पिताश्री कुछ देर रुककर फिर बोलने लगे, "कर्मों की गति बड़ी न्यारी है। पूर्वजन्म के ही नहीं वरन् इस जन्म के माता-पिता, पितामह आदि के कर्मों के फल भी भुगतने पड़ते हैं। दीन-दुखियों को सताने, दूसरों का हक मारने, नशा करने वगैरह से हमेशा दूर रहना।"

पिताजी चुप हो गये, मैंने चैन की साँस ली। लेकिन नहीं, कुछ क्षणों बाद वे फिर धीमे-धीमे बोलने लगे, "ये जो तुम रोज योगासन-प्राणायाम करते हो बहुत अच्छा है। यह सबसे बड़ा तप है। इससे बुरे ग्रहों के खराब फल भी खत्म हो जाते हैं। इसके साथ गायत्री मन्त्र का जाप करते हुए सुबह-सुबह पीपल के पेड़ की ग्यारह... "हाँ, मैं क्या कह रहा था?" पिताजी ने पूछा। ग्यारह, हाँ, हाँ, पीपल के पेड़ की 11 बार परिक्रमा करके जल चढ़ाना शुरू करो! परमात्मा पर विश्वास रखो और अपने कर्मों को पूरी लगन से करो! तुम जरूर कामयाब होगे। जरूर! याद रखना! शान्त और सन्तुलित मस्तिष्क रखने से क्रूर ग्रह भी खुश होकर वरदान दे जाते है। अच्छा! अब जाओ! मुझे नींद आ रही है।"

उस समय समझ नहीं पाया था पर उनके स्वर्गवास के बाद सब समझ में आ गया। ये उनकी अन्तिम और सबसे महत्त्वपूर्ण शिक्षा थी जो आज भी मेरी मदद कर रही है।

भविष्य की जानकारी से दुर्घटनाओं व आपत्तियों से बचाव

मान लीजिए कि आपको कार द्वारा आठ-सौ मील दूर स्थित किसी नगर में पहुँचना है। वहाँ आप पहले कभी नहीं गये। ऐसी स्थिति में आप किसी जानकार से उस नगर तक पहुँचाने वाले मार्ग के बारे में जानेंगे या वहाँ तक जाने वाली सड़कों का (Road Map) रोड मैप लेंगे। इस रोड मैप और सड़क पर लगे मार्ग-चिह्नों को देखकर ही आप आने वाले मोड़ों, पुलों, गति-सीमा, दुर्घटना सम्भावित स्थानों के बारे में पहले से ही जान लेंगे। इसके अनुसार ही आप अपनी कार चलायेंगे। इसी प्रकार हस्तरेखाओं द्वारा अपने भविष्य की सही जानकारी पाकर हम अपने जीवन में आने वाली बाधाओं, रोगों, समस्याओं, दुर्घटनाओं आदि से बचते हुए जीवन-यात्रा को सुख तथा सुरक्षा के साथ व्यतीत कर सकते हैं।

अपने स्वभाव का ज्ञान सबसे बड़ी शक्ति है जिसका सही उपयोग कर हम अपने को सफल और सुखी बना सकते हैं। उदाहरण के लिए, एक व्यक्ति को पॉमिस्ट ने बताया कि "तुम्हें बहुत गुस्सा आता है। अगर तुमने अपनी इस आदत को काबू में नहीं किया तो करीब 24 वर्ष की आयु में तुम किसी की हत्या कर दोगे और तुम्हें फाँसी भी हो सकती है लेकिन अगर तुम इससे बचना चाहते हो तो गुस्से की आदत को काबू में करो। यह अभी तुम्हारे वश में हैं, इस दुर्भाग्य की सम्भावना से बचा जा सकता है। उस व्यक्ति को वास्तव में बहुत गुस्सा आता था। उसे पॉमिस्ट की बात लग गयी और उसने अपने क्रोध को वश में करना शुरू कर दिया, उसे कामयाबी भी मिलने लगी। लेकिन बतायी गयी आयु में एक ऐसी घटना हो गयी कि वह क्रोध के वशीभूत होकर अपने एक विरोधी की हत्या करने पर उतारू हो गया। परन्तु उसी समय पॉमिस्ट की बात याद आयी, वह रुक गया और झगड़े को शान्तिपूर्वक सुलझा लिया।

इसी तरह नौकरी, व्यापार, प्रेम-विवाह, मुकदमा, जमीन-जायदाद आदि सभी मामलों में हस्तरेखा का सही ज्ञान होने से व्यक्ति अपने जीवन में सफलता और सुख प्राप्त कर सकता है पर शर्त यही है कि व्यक्ति भविष्यवाणी के अनुसार अपने विचारों, आदतों तथा कर्मों में सुधार करे।

हस्तरेखाओं का अध्ययन और भविष्यवाणी सम्बन्धी सावधानियाँ

पॉमिस्ट को चाहिए कि वह हाथ देखने से पूर्व अपने मन को शान्त और सन्तुलित कर ले और सारा ध्यान (क्लाइन्ट) जातक की हस्तरेखाओं आदि पर एकाग्र करे। हाथ दिखलाने वाले की बातों, पोशाक, पद, चेहरे, रिश्ते आदि से प्रभावित नहीं हो क्योंकि सब कुछ झूठा हो सकता है पर हाथ और उसकी रेखाएँ हमेशा सच बोलती हैं।

एकान्त स्थान में हाथ देखें, रेडियों, टी.वी. आदि को बन्द कर दें। हाथ देखने के लिए सुबह 7 बजे से 12 बजे तक का समय सर्वोत्तम रहता है, वैसे सूर्यास्त से पहले तक हाथ देखा जा सकता है। कमरे में ऐसा प्रकाश होना चाहिए कि आप दूसरे की सूक्ष्म रेखाओं को भी भली प्रकार देख सकें।

पूरा भोजन करने के बाद व्यक्ति की हस्तरेखाएँ हल्की पड़ जाती हैं। अतः उस समय हाथ नहीं देखना चाहिए। मैग्नीफाइंग ग्लास को साफ करके रखें और हस्तरेखाओं पर ठीक से फोकस करें।

क्लाइन्ट या जातक क्या-क्या जानना चाहता है, इसे एक डायरी में लिख लें और उसी के अनुसार हस्तरेखाओं को देखकर पहले अपने निरीक्षण को लिख लें। उनका सारांश निकालने के बाद पूरी बात बतायें।

यदि क्लाइन्ट हाथ का प्रिण्ट देना चाहे तो रोलर पर प्रिण्टिंग पैड द्वारा प्रिण्टिंग इंक लगाकर उसकी पूरी हथेली, अँगुलियों, अँगूठे पर भली प्रकार इंक की एक सामान्य परत चढ़ायें। रोलर को हाथ पर हल्के से ही चलायें, ज्यादा दबाव देने से इंक की रेखाओं के बीच जाने की सम्भावना होती है जिससे वे स्पष्ट छाप नहीं देतीं। इसके बाद एक सख्त तख्ती पर अच्छी क्वालिटी का सफेद कागज रखें और हाथ की छाप लें। ध्यान रखें कि आपको दाहिने और बायें दोनों हाथों का प्रिण्ट लेना है। सम्बन्धित सामान किसी भी स्टेशनरी की अच्छी दुकान से मिल सकता है।

दोनों हाथ देखें: क्लाइन्ट के दोनों हाथों को देखें, दाहिने हाथ द्वारा दी गयी जानकारी पर अधिक निर्भर करें और बायें हाथ की जानकारी को सहायक ज्ञान के रूप में लें। उदाहरणार्थ, यदि जीवन-रेखा दोनों हाथों में एक निश्चित आयु पर टूटी है तो मृत्यु की अत्यधिक सम्भावना है। बायाँ हाथ व्यक्ति द्वारा माता-पिता से पाया गया भाग्य आदि बताता है और दाहिना हमारे अपने कर्मों से बनता है। बायाँ हमारे स्वाभाविक चरित्र को प्रकट करता है और दाहिना हमारे अनुभवों, प्रशिक्षण तथा परिस्थितियों को। इसलिए दाहिने तथा बायें दोनों हाथों का साथ-साथ अध्ययन करने से सही भविष्य का पता लगाया जा सकता है। इसमें दाहिने हाथ की रेखाओं को अधिक महत्त्व दें।

भविष्य बताने में सावधानियाँ

मृत्यु, शोक, आदि जैसे दुःखद विषयों के बारे में बताते समय ऐसे शब्दों/वाक्यों का प्रयोग नहीं करें जिससे क्लाइन्ट के मन पर नकारात्मक प्रभाव पड़े। हस्तशास्त्री (Palmist) या ज्योतिषी आदि के पास वही व्यक्ति आते हैं जिनका उस पर विश्वास होता है। मनोविज्ञान के अनुसार यदि कोई व्यक्ति अपने विश्वास-पात्र व्यक्ति से

नकारात्मक बात (जैसे रोग, मृत्यु आदि) सुनता है तो वह उसे सही स्वीकार कर लेता है जिससे उसका अवचेतन मन प्रभावित हो जाता है और वह नकारात्मक बात घटित होने की सम्भावना अत्यधिक बढ़ जाती है। उदाहरण के लिए मान लीजिए आपको अपनी गणना से लगता है कि व्यक्ति दो वर्ष बाद जिगर के रोग से पीड़ित होकर मर जायेगा। इस तथ्य को इस प्रकार बताइये–"मैं आपको सावधान करना चाहता हूँ अपने खान-पान का काफी ध्यान रखिए, बहुत सम्भावना है कि दो वर्ष बाद आपको जिगर सम्बन्धी बीमारी हो जाये जो बहुत कष्टदायक सिद्ध हो। कभी-कभार ऐसे रोग प्राणघातक भी हो जाते हैं।"

इस तरह आपने अपनी सही बात कह दी, दूसरे को सावधान कर दिया। इससे उसे बुरा भी नहीं लगेगा और मन पर नकारात्मक असर नहीं पड़ेगा।

इसके दो मुख्य कारण हैं–

(1) हिन्दू शास्त्रों में कहा गया है कि यद्यपि ब्रह्माजी मनुष्य का भाग्य लिखते है परन्तु उसे लिखने के बाद वह भी यह निश्चित रूप से नहीं बता सकते हैं कि उसका भाग्य क्या होगा? परमात्मा ने मनुष्य को जो इच्छाशक्ति और कर्मशक्ति दी है उसके बल से वह असम्भव को भी सम्भव बना सकता है।

(2) दूसरा कारण है मनुष्य का चिकित्सा और दुर्घटना निवारण क्षेत्र में नित नये सफल आविष्कार करना जिससे मनुष्य की औसत आयु बराबर बढ़ती जा रही है।

आज ऐसी असंख्यों नयी चीजें, दवाइयाँ आदि हैं जिनका ज्ञान प्राचीन हस्तरेखा शास्त्रियों को नहीं था। इसके फलस्वरूप बुद्धिमान हस्तरेखा शास्त्री (Palmist) हस्तरेखाओं की व्याख्या वर्तमान पृष्ठभूमि में करता है। अत: भविष्य बताते समय हो सकता है, सम्भावना है, बहुत सम्भावना है आदि जैसे वाक्यों का प्रयोग अवश्य करें।

मेरा अपना अनुभव है कि प्राय: लोग शनिदेव की साढ़ेसाती, मंगल का खराब होना आदि के लिए ग्रहों की शान्ति के उपायों को जानने के उत्सुक होते हैं। यद्यपि यह एक बहुत बड़ा विषय है, तथापि मैं मूल बातों को अत्यन्त संक्षेप में लिखना चाहता हूँ–

(1) क्लाइन्ट को अपने घर पर ही इष्टदेव/देवी का ध्यान करने और उसका मन्त्र जाप करने की सलाह दें।

(2) योगासन, प्राणायाम, हल्का व्यायाम, प्रात:काल घूमना आदि तन-मन दोनों के लिए हितकर हैं, इनसे दुर्भाग्य भी दूर होता है।

(3) तम्बाकू, शराब, भांग आदि नशों को छोड़ने की सलाह दें। ये सभी निश्चित रूप से दुर्भाग्य लाने वाले है।

(4) व्यक्ति को परिवार नियोजन करने, जीवन बीमा कराने, बराबर बचत करते रहने की सलाह लाभदायक सिद्ध होती है।

(5) वृक्षों को रोपने से उन्हें नित्य सींचने से, पशु–पक्षियों की अपनी शक्ति अनुसार रक्षा करने, उनका लालन–पालन करने, माता-पिता की सेवा करने, दीन–दुखियों की मदद करने से पुण्य लाभ होता है। इसके विप. रीत दूसरो का शोषण करने, भ्रष्टाचार और अत्याचार करने वालों को देर–सबेर अपने दुष्कर्मों का फल भोगना ही पड़ता है। यह मैं अपने 50 वर्षों के अनुभवों के आधार पर लिख रहा हूँ।

एक अन्तिम तथ्य यह कि उचित सीमा में काम, क्रोध, लोभ, मोह, अहंकार करना तो ठीक है पर जहाँ आपने इनकी सीमा तोड़ी कि (शनि) भाग्य देवता का दण्ड जुड़ना शुरू हो जाता है। यहाँ तक कि सुपात्रों को दान देने, अहिंसा का पालन करने, क्षमा करने जैसे दिव्य गुणों की अति भी दुर्भाग्य का प्रारम्भ कर सकती है। इसलिए बुद्धिमान व्यक्ति जीवन में सदा सन्तुलन लाने का प्रयत्न करते है। यही बुरे ग्रहों के प्रभावों को दूर करता है।

मनुष्य पर जब एक के बाद एक मुसीबतों की मार पड़ती है, वह अपना धैर्य व सन्तुलन खो देता है और हस्तरेखा का थोड़ा भी ज्ञान रखने वाले या फलित ज्योतिष जाननेवाले की ओर भागता है, यह एक बहुत हानिकारक प्रतिक्रिया है। ये दोनों विद्यायें अत्यन्त गहन हैं। ज्योतिषी या हस्तरेखा शास्त्री के द्वारा कही बातें आपकी इच्छाशक्ति को हानि पहुँचा सकती है। अतः कभी भी अनजाने या अधकचरे लोगों से सलाह नहीं लें। ऐसे ही व्यक्ति के पास जायें जो वास्तव में इन विद्याओ का पूरा ज्ञान रखता हो। उसे आप समुचित फीस भी दें ताकि वह आपमें उचित रुचि ले।

पुस्तक पढ़ने की विधि

हस्तरेखा शास्त्र जितना रहस्यमय और रोचक है उतना ही गहन भी। इसे सीखने के लिए आपमें सच्ची लगन, धैर्य और साहस चाहिए क्योंकि अपने सच्चे रूप को देखना तथा उसमें सुधार करना कायर व्यक्ति के वश की बात नहीं। इसके लिए चाहिए साहस तथा विवेक से पूर्ण मस्तिष्क। जिसके दिल में ज्ञान की प्यास और धैर्य है, उसके लिए बहुत सरल तथा रोचक अन्य के लिए कठिन! इस पुस्तक को पहले एक रहस्यमय रोचक उपन्यास की तरह पढ़ जायें। हाथ में पेंसिल रखें, जो पंक्तियाँ महत्त्वपूर्ण लगें उनको रेखांकित करते जायें। दूसरी बार पढ़ते समय साथ में मैग्नीफाइंग ग्लास भी रखें। पुनः शुरू से पढ़ें हाथ का

आकार-प्रकार से अन्त तक, अब साथ में अपनी हस्तरेखाएँ मैग्नीफाइंग ग्लास (Magnifying Glass) से देखते जाइए और उन्हें पुस्तक में लिखी व्याख्या से मिलाते जाइए। अपने निरीक्षण के अंश डायरी में लिखते जाइए। उदाहरणार्थ:-

- मेरे हाथ का आकार-प्रकार कैसा है?
- मेरी अँगुलियाँ उनका आकार-प्रकार, झुकाव आदि कैसा है?
- मेरा अँगूठा, आकार-प्रकार झुकाव?
- अँगुलियों और अँगूठे के नाखून उन पर चिह्न।
- मेरे हाथ के पर्वतों की स्थिति।
- मेरे हाथ पर शुभ चिह्न कहाँ और कौन हैं?
- मेरे हाथ पर अशुभ चिह्न कहाँ और कौन हैं?
- मेरी जीवन रेखा की विशेषताएँ, मंगल रेखा, स्वास्थ्य रेखा की विशेषताएँ।
- मेरी आयु क्या हो सकती है?
- जीवन रेखा से निकलती, मिलती या काटती रेखाएँ।
- मस्तिष्क रेखा से निकलती, मिलती या काटती रेखाएँ।
- मस्तिष्क रेखा की विशेषताएँ।
- हृदय रेखा की विशेषताएँ।
- भाग्य रेखा की विशेषताएँ।
- सूर्य रेखा की विशेषताएँ।
- विवाह रेखा की विशेषताएँ।
- मेरी हथेली पर अन्य रेखाएँ क्या और कैसी हैं?

इन प्रश्नों के उत्तर लिखने के बाद आपके हाथ में अपने जीवन तथा भविष्य की सम्भावनाओं का एक छोटा नक्शा आ जायेगा। इसमें सफल होने के बाद आप अपने परिवार के सदस्यों तथा मित्रों की भी हस्तरेखाएँ देख सकते हैं। एक विशेष बात, अपने हाथ को देखते समय आत्ममोह में नहीं पड़ें और निष्पक्ष दृष्टिकोण रखें।

अध्याय-१

हाथ का आकार-प्रकार

हाथ की रेखाएँ जिस पृष्ठभूमि पर लिखी जाती हैं वह हैं-अँगुलियाँ, अँगूठे और हथेली। जिस प्रकार किसी चित्र या व्यक्ति की पृष्ठभूमि बदल देने से उसका प्रभाव बदल जाता है उसी प्रकार हाथ का आकार-प्रकार बदलने से हस्तरेखाओं का अर्थ बदल जाता है। इसलिए आइए हाथ के आकार से अपनी बात शुरू करें।

हाथ (Hand)

अधिकतर हाथ का आकार शरीर के अन्य अंगों के अनुपात के अनुसार होता है, लेकिन कभी-कभी एक-सी लम्बाई वाले व्यक्तियों में हाथ का आकार अन्य अंगों के अनुपात में बड़ा या छोटा होता है। हाथ का आकार औसत से छोटा होने पर उसे 'छोटा हाथ' और औसत से बड़ा होने पर 'बड़ा हाथ' कहते हैं। जब हथेली की चौड़ाई अँगूठे के मूल से अँगूठे के शीर्ष तक की चौड़ाई से अधिक हो तो उसे चौड़ा हाथ कहते हैं। जब हाथ की लम्बाई मणिबन्ध से बीच की अँगुली (मध्यमा) की नोंक तक अनुपात से अधिक लम्बी हो तो उसे लम्बा हाथ कहते हैं। अनुपात से छोटा होने पर छोटा हाथ।

हाथ का पृष्ठभाग (Back of the Hand)

हाथ में जिस तरफ रेखाएँ होती हैं उसे भीतरी भाग अथवा हथेली कहते हैं। हथेली के दूसरी ओर के भाग को हाथ का पृष्ठभाग (Back of the Hand) कहते है। इस ओर अधिकांश पुरुषों में बाल होते है।

हाथों पर बाल (Hair on the Hand)

हाथ के पृष्ठभाग पर बालों का होना पुरुष की कामशक्ति का परिचायक होता है। उनमें शारीरिक-शक्ति अधिक होती है। ऐसे पुरुषों को अपने मन पर नियन्त्रण करने में कठिनाइयाँ आती हैं। हाथों के पृष्ठभाग पर बाल बहुत कम होना या नहीं होना पुरुष का झुकाव कल्पना, कला, मानसिक विकास तथा आत्मरति को प्रकट करता है। उन्हें अपने आप से ही अधिक प्यार होता है। वे दूसरों की तुलना में शीघ्र ही अपने को परिस्थितियों के अनुकूल बना लेते है।

जिनके हाथ के पृष्ठभाग पर काले बाल अधिक होते है वे शारीरिक रूप

से अधिक शक्तिशाली, क्रोधी, साहसी, कम संयम वाले तथा कामुक होते हैं। उनका झुकाव मानसिक और आध्यात्मिक उन्नति की ओर कम होता है। सुनहरे और भूरे बाल वालों में कलात्मकता होती है और वे सौन्दर्य प्रेमी होते हैं।

हाथ के पृष्ठभाग पर लाल बालों वाले पुरुष अन्य की अपेक्षा जल्दी प्रतिक्रिया करते तथा जल्दी उत्तेजित हो जाते हैं। आयु बढ़ने के साथ ही बालों का सफेद होना शुरू हो जाता है और उसी के अनुसार पुरुषों की शारीरिक क्षमतायें घटने लगती है। उनके क्रोध, 'काम' और कार्यों को करने की शक्ति कम होती जाती है। परन्तु युवावस्था में ही हाथों के पृष्ठभाग के बालों का सफेद होना व्यक्ति के मानसिक तनाव, चिन्ता, जल्दबाजी और शारीरिक परिश्रम कम करने को प्रकट करता है।

लम्बी अँगुलिया (Long Fingers)

हथेली को प्रथम मणिबध (Bracelet) से बीच की अँगुली (मध्यमा) के मूल तक फैला माना जाता है। यदि मध्यमा अँगुली की लम्बाई हथेली की लम्बाई के ¾ के बराबर हो तो अँगुलियों की लम्बाई सामान्य मानी जाती है। यदि यह अँगुली इस अनुपात से बड़ी हो तो अँगुलियाँ लम्बी और इससे छोटी होने पर छोटी अँगुलियाँ समझी जाती है।

हथेली (Palm)

यदि हथेली ऊपर बताये गये अनुपात से अधिक लम्बी हो तो लम्बी हथेली और अनुपात से छोटी होने पर छोटी हथेली मानी जाती है। जब चारों अँगुलियों की चौड़ाई की तुलना में हथेली के दोनों भाग ज्यादा फैले होते हैं, उसे चौड़ी हथेली कहते हैं। अगर हथेली चारों अँगुलियों के बराबर चौड़ी हो तो उसे सामान्य तथा संकरी होने पर संकरी हथेली कहते हैं। सख्त और लचीली हथेली सौभाग्य सूचक मानी जाती है। दबी हुई हथेली दुर्भाग्य और गरीबी की सूचक है। जिस स्थान पर हथेली दबी (Hallow) होगी तो उसके अनुसार खराब असर दिखायेगी। मुलायम और थलथली हथेली (जो अधिक मोटी नहीं हो) विलासिता-प्रेम, इन्द्रिय लोलुपता और आलसी स्वभाव प्रकट करती है।

हाथ के प्रकार (Types of Hands)

प्राचीन लेखकों के अनुसार हाथ के सात प्रकार माने गये हैं, जो निम्नलिखित है-

1. प्रारम्भिक हाथ (Elementary Hand)

इसे प्रारम्भिक हाथ इसलिए कहते हैं क्योंकि ऐसे हाथों वाले व्यक्ति में मानसिक-शक्तियों का पूरी तरह अभाव पाया जाता है परन्तु उनमें शारीरिक कार्य करने की शक्ति बहुत होती है। ऐसा हाथ प्राय: अपढ़, श्रमिकों, आदिवासियों आदि में पाया जाता है। यह

छूने पर सख्त, खुरदुरा और मोटी हथेली वाला होता है। हथेली लम्बी, अँगुलियाँ छोटी और नाखून भी छोटे होते हैं। अँगूठा भी छोटा और मोटा होता है। ऐसे हाथों में अधिकतर केवल तीन मुख्य रेखाएँ-जीवन रेखा, हृदय रेखा और मस्तिष्क रेखा होती हैं। मस्तिष्क रेखा (Line of Head) छोटी होती है। ऐसे लोगों का स्वभाव हिंसक होता है और उन्हें अपनी भावनाओं तथा उत्तेजनाओं पर नियन्त्रण करने में बहुत कठिनाई होती है। (चित्र संख्या-1) ध्यान दें कि हाथ में हथेली का स्थान जितनी प्रमुखता लिए होगा उसमें उतनी ही अधिक शारीरिक-शक्ति और पशु प्रवृत्ति पायी जायेगी। लेकिन ऐसे लोगों में साहस की कमी, तर्क का अभाव, महत्त्वाकांक्षाओं की कमी तथा चालाकी चलने की प्रवृत्ति होगी।

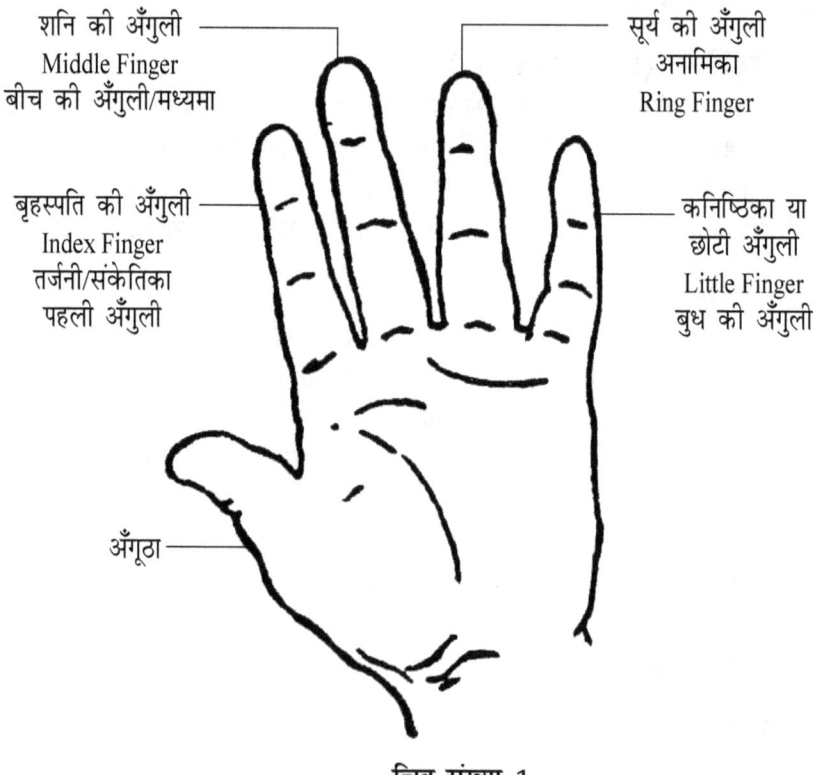

चित्र संख्या-1
प्रारम्भिक हाथ (Elementary Hand)

2. दार्शनिक हाथ (Philosophic Hand)

यह लम्बा और नुकीला होता है, हड्डीली अँगुलियाँ (Bony Fingers) और उनके जोड़ों (Joints) का विकसित होना तथा लम्बे नाखून इसकी विशेषताएँ हैं। इन्हें

प्राय: धन प्राप्त करने के सम्बन्ध में बड़ी सफलता नहीं मिलती। परन्तु वे बुद्धिमान, शिक्षाप्रेमी, ज्ञान पाने की तीव्र इच्छा वाले और अच्छे विचारक होते हैं। उन्हें हर प्रकार की रहस्यमय चीजें और व्यक्ति आकर्षित करते हैं। उनमें धैर्य पर्याप्त मात्रा में होता है। अधिक बोलना उन्हें पसन्द नहीं होता। ऐसे लोग अपने क्षेत्र में सफलता पाते हैं। अपने धर्म तथा ईश्वर से सम्बन्धित विचारों में वे दृढ़ होते हैं। उनमें स्वाभिमान की मात्रा अधिक होती है। अत: वे संघर्ष करके सफलता तथा यश पाते हैं। धन को अधिक महत्त्व नहीं देने के कारण वे अधिक धनवान नहीं बनते। वे हर सम्बन्धित विषय के बारे में गहराई और विस्तार से विचार करते हैं। (देखें चित्र संख्या-2)

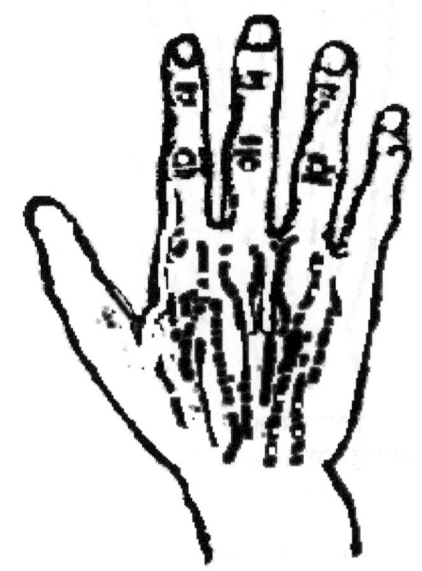

चित्र संख्या-2 दार्शनिक हाथ (Philosophic Hand)

3. सूच्याकार हाथ (Conic Hand)

ऐसा हाथ न छोटा होता है और न बड़ा अर्थात् यह शरीर के अन्य अंगों के अनुपात में अच्छा लगता है। इसे आप मध्यम आकार का कह सकते हैं। यह स्पर्श करने में कोमल व चिकना होता है। अँगुलियाँ कुछ नुकीली होती हैं, लेकिन उतनी नहीं जितनी दार्शनिक हाथ की होती हैं। इनको सहज ही भावनाओं में बहते हुए देखा जा सकता है। क्रोध जल्दी आता है और शान्त भी जल्दी हो जाते हैं। ये लोग कुछ जल्दबाज होते हैं। विभिन्न कलाओं से इन्हें प्रेम होता है

परन्तु लम्बे समय तक किसी कला की साधना नहीं कर पाते। ये लोग दूसरों की तकलीफों और दु:खों से शीघ्र प्रभावित होकर दान देने वाले होते हैं। मनोवेग और सहज प्रेरणा से कार्य करते हैं। ऐसे हाथों को कलात्मक हाथ (Artistic Hand) भी कहते हैं। इन्हें चित्रकला, अभिनय, संगीत आदि से अधिक प्रेम होता है। (चित्र संख्या-3) इनकी अँगुलियाँ आकार में सूई से मिलती हुई होती हैं। इसीलिए इसे सूच्याकार हाथ (Conic Hand) कहते हैं।

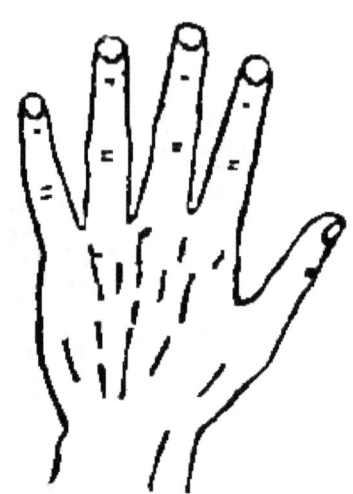

चित्र संख्या-3
सूच्याकार हाथ (Conic Hand)

4. वर्गाकार हाथ (Square Hand)

ऐसे हाथ की अँगुलियाँ नोक पर न अधिक सूच्याकार होती है और न चौड़ी। इनके नाखून भी छोटे और वर्गाकार होते हैं। इनकी पूरी हथेली वर्गाकार होती है। ऐसे व्यक्ति हर चीज या कार्य को व्यवस्थित तरीके से करते हैं। उन्हें अनुशासन में रहना और दूसरों को भी अनुशासन में रखना पसन्द होता है। वे अपनी परम्पराओं से लगाव रखते हैं और कानून तथा व्यवस्था का सम्मान करते हैं। उन्हें कला से अधिक विज्ञान से प्रेम होता है। प्रेम का प्रदर्शन करना उन्हें अच्छा नहीं लगता। प्रैक्टिकल चीजों और कार्यों में वे पूरी दिलचस्पी रखते हैं। उनमें सतत प्रयत्न करते रहने की शक्ति होती है। अत: वे जीवन में अपने लक्ष्य को पाने में पूरी तरह सफल होते हैं। उनमें कल्पनाशक्ति अधिक नहीं होती है और वे तर्क (Reasoning) तथा कारणों पर हर बात आधारित करना चाहते हैं। (चित्र संख्या-4)।

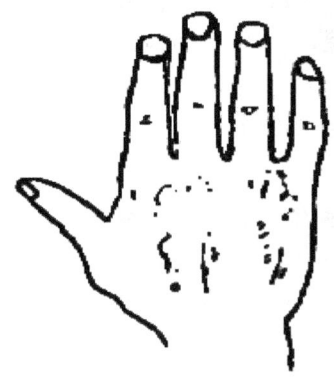

चित्र संख्या-4
वर्गाकार हाथ (Square Hand)

5. अतीन्द्रिय हाथ (Psychic Hand)

इसे शान्तिनिष्ठ और आध्यात्मिक हाथ भी कहते हैं क्योंकि ऐसे हाथों वाले व्यक्तियों में प्राय: इन्द्रियों से परे कही जाने वाली शक्तियों और महान आदर्शों के प्रति तीव्र लगन पायी जाती हैं। ये शान्तिप्रिय और आध्यात्मिक रुचि वाले होते हैं। ऐसे अतीन्द्रिय हाथ देखने में सुन्दर लगते हैं। अँगुलियाँ पतली और सूच्याकार तथा बादाम से लम्बे नाखून होते हैं। हाथों की बनावट लम्बी, संकरी तथा कोमल होती है। ऐसे हाथों वाले व्यक्तियों में निम्न विशेषतायें पायी जाती हैं–सौन्दर्य प्रेमी, विनम्रतापूर्ण व्यवहार, भावुकता, आदर्शवादी स्वभाव, व्यावहारिकता की कमी, रंगों से प्रेम, अपने सिद्धान्तों से अत्यधिक लगाव। (चित्र सख्या-5) ऐसे हाथ प्राय: भाग्यशाली नहीं माने जाते हैं।

6. चपटा हाथ (Spatulate Hand)

ऐसे हाथों में हथेली अँगुलियों के मूल अथवा कलाई के पास चौड़ी होती हैं।

चित्र संख्या-5
अतीन्द्रिय हाथ (Psychic Hand)

हाथ का आकार-प्रकार

इनमें अँगुलियों की पहली पोर (पर्व) पत्ती की तरह चौड़ी होती है। ऐसे पोर (पर्व) को प्रलेपनी जैसी कहते हैं। पूरी तरह चपटा हाथ होने के लिए अँगुलियों का ऊपरी हिस्सा प्रलेपनी जैसा होना जरूरी है। ध्यान देने की बात यह है कि चपटा हाथ एक तरफ ज्यादा चौड़ा होता है और दूसरी तरफ कुछ अधिक संकरा। इसके दो रूप हो सकते हैं-

प्रथम, जब कलाई की तरफ से हथेली की चौड़ाई अँगुलियों के मूल के पास की तुलना में अधिक हों। चपटे (Spatulate Hand) हाथों वाले व्यक्तियों में मौलिकता होती। भाग्य और सूर्य रेखा अच्छी होने पर वे अच्छे अन्वेषक, खोज करने वाले तथा इंजीनियर होते हैं।

द्वितीय, जब अँगुलियों के मूल की तरफ से हथेली की चौड़ाई अधिक हो और उसकी तुलना में कलाई की तरफ से कम। ऐसे हाथ वाला व्यक्ति (जातक) प्रथम प्रकार के व्यक्ति की तुलना में अधिक यथार्थवादी (Realist) और व्यवहारकुशल होता है। यदि चपटा हाथ कठोर हो तो व्यक्ति में कार्यशीलता, उत्साह, फुर्ती तथा अधिक उत्तेजना होती है। (चित्र संख्या-6) हथेली के मुलायम होने पर इन गुणों की मात्रा कम हो जायेगी।

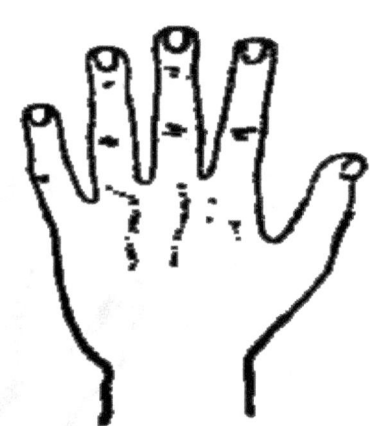

चित्र संख्या-6
अतीन्द्रिय हाथ (Spatulate Hand)

7. मिश्रित हाथ (Mixed Hand)

जब किसी जातक का हाथ उपर्युक्त 6 प्रकार के हाथों में से किसी भी प्रकार का नहीं होता तो उसे मिश्रित हाथ कहते हैं। मिश्रित हाथ में हथेली, अँगुलियाँ और अँगूठा भिन्न-भिन्न प्रकार के हो सकते हैं। चारों अँगुलियाँ भी एक प्रकार की नहीं होती। पूर्ण रूप से मिश्रित हाथ (Mixed Hand) वाले व्यक्ति बातचीत करने में कुशल, परिस्थितियों को देखकर शीघ्र उनके मुताबिक बन जाने वाले, अपने कार्यों में कुशल, मेहनत से बचने के लिए नये-नये जुगाड़ बनाने में होशियार और नये विचारों में रुचि लेने वाले होते हैं। वे लगभग सभी कामों को करने में होशियार होते हैं पर किसी भी एक काम के विशेषज्ञ नहीं होते। लेकिन एक अच्छी शक्तिशाली मस्तिष्क रेखा (Line of Mind) मिश्रित हाथ वाले व्यक्ति को सफल मैनेजर, राजनीतिज्ञ, शेयर्स के व्यापारी आदि बना सकती है। वे हर उस कार्य में सफल हो सकते हैं जिसमें टैक्ट (Tact) अर्थात् व्यवहार-कौशल के साथ तीव्रता से बदलती स्थितियों के अनुरूप ढलने की जरूरत पड़ती है।

हाथों को देखते समय की सावधानियाँ

पूरी तरह एक ही प्रकार के हाथ कम होते हैं, अधिकांश हाथ मिले-जुले (Mixed Hand) होते हैं। जैसे हथेली एक प्रकार की, अँगुलियाँ दूसरे प्रकार की, अँगूठा अलग तरह का। हाथ देखते समय इन बातों को डायरी में नोट करते जाइए। व्यक्ति (जातक) के हाथों की सभी रेखाओं, हथेली, अँगूठा, अँगुलियाँ आदि देखकर, उनके अनुसार ही गुण-दोषों की मात्रा और प्रमुखता की व्याख्या करने के बाद ही उसका भविष्य बतायें।

स्त्री और पुरुष के हाथ

प्रायः महिलाओं के हाथ पुरुषों के हाथों की तुलना में छोटे, कोमल तथा चिकने होते हैं। दो अतीन्द्रिय हाथ जिनमें से एक स्त्री का और दूसरा पुरुष का हो, तो उसमें स्त्री में पुरुष की तुलना में अधिक भक्तिभाव, श्रद्धा और संयम मिलेगा। भारतीय स्त्रियों के बायें हाथ पर विशेष ध्यान देना चाहिए। लेकिन भाग्यफल दोनों हाथों को देखने के बाद ही निकालना चाहिए।

हथेली और हाथ की अन्य विशेषताएँ

मेरे अपने अनुभवों के अनुसार व्यक्ति की हथेली सख्त, लचीली और अँगुलियों के अनुपात के अनुसार होने पर मानसिक सन्तुलन, बुद्धि की तीव्रता और ऊर्जा (Energy) की द्योतक होती है। यदि ऐसी हथेली सूच्याकार (Conic) हाथ वाले की है तथा उसकी भाग्य रेखा भी अच्छी है तो वह अच्छा अभिनेता, कलाकार, गायक, लेखक हो सकता है।

- पतली, कठोर और सूखी हथेली कायरता प्रकट करती है। ऐसा व्यक्ति चिन्ता करने वाला, जल्दी घबड़ा जाने वाला (Nervous) और नकारात्मक स्वभाव का होता है।
- बहुत मोटी हथेली जो भरी-पूरी और मुलायम होती है व्यक्ति की इन्द्रिय लोलुपता बताती है।
- मुलायम, थुलथुली (Flabby) और अधिक मोटी हथेली आलस्य, विलासिता प्रेम तथा अकर्मण्यता की सूचक है।
- हथेली के किसी भाग का अन्दर की ओर दबा होना दुर्भाग्य का प्रतीक है। यह जिस रेखा के पास या जिसके समीप दबी होगी, उसी से सम्बन्धित दुर्भाग्य, असफलता अथवा दुःख लायेगी।

छोटे और बड़े हाथ

बड़े हाथों वाले व्यक्ति अपने काम के विस्तार और बारीकियों में जाना पसन्द करते हैं जबकि छोटे हाथ वाले कार्य के विस्तार में नहीं जाते। बड़े हाथ वालों का काम भी सुन्दर होता है। बड़े हाथ वाले व्यक्ति अपनी विचारशीलता के कारण उचित श्रम करके शीघ्र सफल हो जाते हैं। छोटे हाथ वाले इतनी लम्बी और बड़ी कार्य योजनाएँ बना लेते हैं कि प्रायः उन्हें पूरी करना उनके वश की बात नहीं रह जाती। लेकिन सूक्ष्म कार्यों जैसे कढ़ाई, बुनाई, सिलाई, नगों की जड़ाई आदि में बहुत कुशल होते हैं। उनकी लिखावट भी बड़ी तथा सुन्दर होती है। वे बड़ी-बड़ी संस्थाओं या कम्पनियों का प्रबन्ध करना पसन्द करते हैं। वे छोटे उपकरणों तथा यन्त्रों को बनाने तथा चलाने में बहुत कुशल होते हैं, जैसे घड़ियाँ, कम्प्यूटर, टी. वी. आदि। अच्छी सूर्य तथा भाग्य रेखा होने पर वे बड़ी संस्थाओं के मैनेजर या अधिकारी होते हैं।

अध्याय-२

हाथ का अँगूठा और अँगुलियाँ

हाथ का अँगूठा

व्यक्ति के हाथ का अँगूठा अँगुलियों का सरदार है जो इच्छाशक्ति और मानसिक स्थिति का प्रतीक है। यूरोप के जिप्सी और भारत के कुछ जोशी पण्डित व्यक्ति का अँगूठा देखकर ही उसका भविष्य बता देते हैं। भारतीय हस्तरेखा शास्त्र में भी इसको महत्त्वपूर्ण माना गया है। मेरे अनुभव के अनुसार अँगूठा और मस्तिष्क रेखा व्यक्ति के भाग्य में सर्वाधिक प्रभाव डालते हैं। हम अँगूठे के सम्बन्ध में निम्नलिखित क्रम से विचार करेंगे।

1. हथेली और अँगूठा
2. अँगूठे की स्थिति
3. लम्बाई
4. कठोरता
5. बनावट
6. दोनों पोरों (पर्वो) की लम्बाई
7. प्रथम पोर (पर्व) का आकार-प्रकार
8. दूसरे पोर (पर्व) का आकार-प्रकार
9. अँगूठे के अन्दर की ओर पड़े चिह्न।

हथेली और अँगूठा

यदि हथेली कठोर और दृढ़ हो तथा अँगूठे का प्रथम पोर उचित रूप में विकसित हो तो जातक अपने विचारों तथा लक्ष्यों को कार्य रूप में परिवर्तित करने में अधिक दृढ़ निश्चय दिखाता है। लेकिन हथेली जितनी कोमल होगी उसमें कार्य करने की दृढ़ता कम होगी। कोमल हथेली वाला अपने कार्यों को कभी जोश में आकर करेगा और कभी छोड़ देगा। अपनी योजना को पूरी करने के लिए उसमें बराबर कोशिश करते रहने की दृढ़ता तुलनात्मक रूप से कम होगी।

अँगूठे की स्थिति (Position of the Thumb)

हथेली पर अँगूठा ऊँचा उस स्थिति में माना जाता है जब वह पहली अँगुली (Index Finger) अर्थात् इशारा करने वाली अँगुली (संकेतिका) के अधिक समीप होता है। अँगूठे का नीचा होने का अर्थ है कि वह हथेली के मूल की तरफ से नीचा है। यदि अँगूठा नीचा हो तो वह खर्च करने में बहुत उदार होता है और बुद्धिमान भी। यदि अँगूठा ऊँचा हो तो व्यक्ति में प्रबन्ध करने की योग्यता अच्छी

नहीं होती और वह कंजूसी करता है। यदि अँगूठा न ऊँचा है और न नीचा अर्थात् सामान्य स्थिति में हो तो उसमें ऊँचे व नीचे दोनों के गुण-दोष होंगे। ऐसा व्यक्ति हर क्षेत्र में सन्तुलन लाने की कोशिश करता है।

अँगूठे की लम्बाई (Length of the Thumb)

अगर हम अपने अँगूठे को संकेतिका अँगुली की तरफ हथेली से मिलायें, उसे अँगुली के तीसरे पर्व के बीच तक पहुँचना चाहिए। यदि वह इससे आगे जाता है, उसे लम्बा और इससे छोटा होने पर छोटा माना जायेगा। यदि जातक (Client) का अँगूठा छोटा हो तो उसकी तर्कशक्ति अच्छी नहीं होगी। दूसरों से शीघ्र प्रभावित हो जायेगा तथा अपने विचारों को भलीप्रकार पूरी तरह प्रकट नहीं कर पायेगा। चिकनी अँगुलियाँ तथा छोटा अँगूठा हो परन्तु अँगुलियाँ प्रलेपनी (Spatulate) तथा वर्गाकार हो तो ऐसा व्यक्ति व्यवहारकुशल होता है। वह विज्ञान तथा वैज्ञानिक उपकरणों, यन्त्रों आदि के व्यापार से लाभ उठा सकता है। छोटा अँगूठा, चिकनी अँगुलियाँ सूच्याकार होने पर व्यक्ति संगीत, नाटक, अभिनय, चित्रकला जैसी ललित कलाओं की ओर आकर्षित होता है और सफलता भी प्राप्त कर सकता है। अँगूठा बहुत लम्बा होने पर जातक में अच्छी इच्छाशक्ति होती है। वह दूसरों के तर्क या सुझावों पर अधिक ध्यान नहीं देता और अपने इरादे को पूरा करने में जुटा रहता है।

अँगूठे को फैलाने पर अगर वह 90 डिग्री या इससे अधिक का कोण बनाये तो यह आजाद ख्यालों को बताता है। अगर साथ में पहला पर्व बड़ा और अँगूठा लम्बा हो तो जातक आक्रामक स्वभाव का होगा और क्रोध आने पर उसे वश में करना कठिन होगा। इसके विपरीत ऐसा जातक जिसका अँगूठा छोटा व पहला पर्व कमजोर हो तो उसके अनुसार ही ख्यालों की आजादी में कमी पायी जायेगी (चित्र संख्या-7)।

अँगूठे की बनावट (Formation of the Thumb)

लम्बे और चौड़े अँगूठे वाला व्यक्ति भावावेग वाला होता है। उसे काम, क्रोध, भय आदि की भावनाओं के दौरे जैसे आ सकते है। यदि हाथ में मस्तिष्क रेखा (Line of Mind) कमजोर और नीचे झुकी हुई हो तो इसकी बहुत सम्भावना होती है। अँगूठा छोटा और चौड़ा होने पर व्यक्ति स्वभाव से जिद्दी होगा पर यह जिद थोड़े समय तक रहेगी। पतला अँगूठा ललित कलाओं की ओर झुकाव बताता है। बहुत अधिक मोटा अँगूठा कलात्मकता और सुन्दरता की उपेक्षा प्रकट करता है। पतला और चपटा अँगूठा उदारता की कमी, निराशाभरा स्वभाव बताता है।

अँगूठे का बहुत अधिक लोचदार होना, कमजोर होना और शिथिल होना मानसिक शक्तियों की कमी तथा मानसिक रोग की सम्भावना दिखाता है। यह शारीरिक और इच्छाशक्ति की कमी का भी द्योतक है। गदा जैसा भारी, छोटा, मोटा और बिना लोच या बहुत कम लोच वाला अँगूठा जिद्दी होने और हिंसक स्वभाव को बताता है। ऐसा व्यक्ति अपराधों की ओर बढ़ सकता है। (चित्र संख्या-7)।

(अ) गदा जैसे सिरे वाला अँगूठा

(ब) लचीली गाँठ वाला अँगूठा   (स) कठोर गाँठ वाला अँगूठा

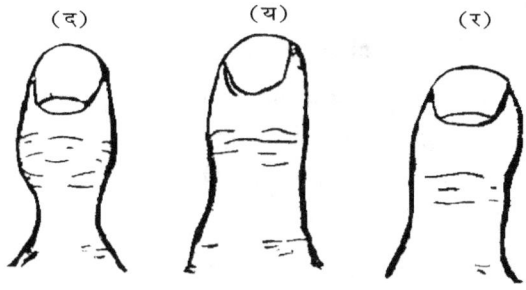

(द)   (य)   (र)

चित्र संख्या-7
अँगूठों के जोड़ों की किस्में

कठोरता या लचीलापन (Hard or Supple)

इस बारे में मुख्य नियम यह है कि बहुत कठोर और पीछे न मुड़ने वाला अँगूठा व्यक्ति के जिद्दीपन, दृढ़ इच्छाशक्ति, खर्च कम करने वाला, अपनी भावनाओं को प्रकट नहीं करने वाला दर्शाता है। ऐसे लोग अपने सिद्धान्तों और बातों पर विरोध सहने के बावजूद जमे रहते हैं। उनमें नये व्यक्ति या परिस्थितियों के अनुकूल बनने का स्वभाव कम होता। इसके विपरीत पीछे मुड़ने वाला, जोड़ युक्त अँगूठा यह दिखाता है कि व्यक्ति खर्चीला, मिलनसार, परिस्थितियों के अनुसार बनने वाला तथा अपनी सच्ची भावनाएँ प्रकट करने वाला है।

यह सदैव ध्यान रखने वाला तथ्य है कि अति किसी चीज की अच्छी नहीं। अतः वही अँगूठा अच्छा माना जायेगा जो दृढ़ हो पर पीछे भी थोड़ा मुड़ सके, उसमें कुछ मात्रा में लचीलापन हो। दृढ़ अँगूठे वाले, लचीले अँगूठे वाले की तुलना में ज्यादा प्रैक्टिकल व नैतिकता का पालन करने वाले तथा जल्दी झगड़ा करने वाले होते हैं। (चित्र संख्या-7)।

अँगूठे के पर्व

प्रायः हथेली की ओर से देखने पर अँगूठे में तीन पर्व पाये जाते हैं।

पहला पर्वः जो कि नाखून का पर्व होता है उसके प्रकार और गुण-दोष निम्नलिखित हैं:

लम्बाः सामान्य बुद्धि और इच्छाशक्ति, ऊँचे विचार।

बहुत लम्बाः क्रोध की अधिकता, आक्रामकता, तीव्र इच्छाशक्ति, महत्त्वाकांक्षा की अधिकता।

छोटाः इच्छाशक्ति व महत्त्वाकांक्षा की कमी, सहज बुद्धि का उपयोग कम करने का स्वभाव।

बहुत छोटाः कमजोर इच्छाशक्ति और विवेक या बुद्धि का बहुत कम उपयोग।

दूसरा पर्वः तर्क, बुद्धि, चिन्तन और विवेक प्रकट करता है। जब दूसरा पर्व पहले पर्व से लम्बा हो तो ये गुण साधारण से अधिक और ज्यादा लम्बे में अत्यधिक होंगे। पहले पोर (पर्व) से लम्बाई में कम होने पर ये गुण भी अनुपात में कम होते जायेंगे।

यदि दूसरा पर्व ऊपर और नीचे वाले पर्व से कम मोटा या पतला हो और अँगूठा देखने पर ऐसा लगता हो जैसे उसकी कमर पतली है, यह व्यक्ति के अत्यन्त व्यवहारकुशल एवं कूटनीतिज्ञ (Diplomat) जैसा स्वभाव होने को प्रकट करता है। लेकिन बहुत पतला पर्व कायरता दिखाता है छोटा एवं चपटा पर्व बुद्धिमत्ता को कम करता है।

तीसरा पर्वः यदि अँगूठा छोटा हो और यह पर्व लम्बा हो तो ऐसा व्यक्ति अपनी वासना तथा इन्द्रिय लोलुपता के कारण हानि उठा सकता है। यह पर्व विशेष रूप से व्यक्ति के प्रणय (Sexual Love) का प्रतीक है। इस पर्व का दूसरे पर्व के बराबर या उससे कुछ छोटा होना अच्छा माना जाता है।

अँगूठे के अन्य प्रकार व गुण

सूच्याकार :	कला के प्रति अच्छी रुचि
सूच्याकार पर छोटा :	काम को बीच में छोड़ने का स्वभाव
वर्गाकार :	व्यावहारिक, कम भावुक
चपटा :	शासन करना, आदेश देना
चपटा पर छोटा :	शासन करना चाहेगा पर इच्छाशक्ति की कमी के कारण पूरी तरह नहीं कर पायेगा।

प्राचीन भारतीय हस्त सामुद्रिक के अनुसार गुण–दोष

1. अधिक कोण वाला अँगूठा

लम्बा, सुडौल, पतला और अधिक पीछे मुड़ने वालाः ऐसे व्यक्ति निश्छल, सबके प्रति अच्छे विचार रखने वाले, साहित्यकार, चित्रकार, कवि, कलाकार, कम व्यावहारिक और अधिक कल्पनाशील होते है। सम्मान बहुत मिलता है परन्तु भौतिक सुख–साधनों के लिए बहुत संघर्ष करना पड़ता है। परन्तु अन्त में सफल होते हैं।

2. समकोण बनाने वाले अँगूठे

ये अँगूठे सुन्दर दृढ़ और सीधे होते हैं। ये जरा–सा कारण होते ही जल्दी उत्तेजित हो जाते हैं। न्याय के लिए संघर्ष करते हुए ये लाभ–हानि पर विचार नहीं करते और सब कुछ त्याग सकते हैं। अधिक कठोर होने पर क्रोध में विवेक खो देते हैं और अनर्थ भी कर सकते हैं। यदि अँगूठा लचीला हो तो क्रोध वश में रहता है। ये स्वतन्त्र व्यक्तित्व तथा विचारों वाले होते हैं।

3. न्यूनकोण वाले अँगूठे

आलसी, जड़ तथा पाशविक होते हैं। कठोर और बेडौल होने पर पूरी तरह पशु प्रवृत्ति होती है, फिजूलखर्ज और बकवास करने वाले होते हैं। भौतिक सुखों और कामतृप्ति की वासना अत्यधिक पायी जाती है। परन्तु धन लाभ, व्यक्तित्व तथा सुन्दर नारियों की प्राप्ति में प्रायः असफल रहते हैं। स्त्री या पुरुष के अँगूठे के पर्वो की रेखा में 'जौ' का चिह्न विद्या, धन यश देता है।

अँगूठों के झुकाव के आधार पर भाग्य वर्गीकरण

कुछ हाथों में चारों अँगुलियाँ अँगूठे के झुकाव के विपरीत या उसकी ओर झुकी होती है। हस्तसामुद्रिक शास्त्र के अनुसार इससे भी व्यक्ति के भाग्य की मुख्य बातें पता चलती हैं।

1. अँगूठे के विपरीत झुकी अँगुलियाँ

अँगूठा का पहला पर्व मोड़ने पर वह अपने पीछे की ओर मुड़ सकता है। खुलने पर चारों अँगुलियाँ जब उसके विपरीत झुकी हों तो जातक (Client) बुद्धिमान, आदर्शवादी और अपने नये विचारों पर इतना दृढ़ और स्पष्टवादी बन जाता है कि घर-बाहर सभी को नाराज कर लेता है। इन्हें माता-पिता या ससुराल से भी सहयोग नहीं मिलता। इन्हें जीवन के प्रारम्भ में घोर तथा कठोर संघर्ष करना पड़ता है। अपने मानव कल्याणकारी आदर्शों में सफल होने पर वे महान कहलाते हैं, बशर्ते हाथ में अन्य सभी रेखाएँ तथा चिह्न अच्छे हों।

2. अँगूठे की ओर झुकी अँगुलियाँ

ऐसे व्यक्ति यथार्थवादी, व्यवहारकुशल, परिस्थितियों के अनुसार बदलने वाले होने के कारण सुख-सौभाग्य पाते हैं पर शान्ति नहीं।

3. सामान्य झुकाव वाली अँगुलियाँ

ये न बाहर की ओर, न अन्दर की ओर झुकी होती हैं, वरन् हथेली की समानता में रहती हैं। ऐसे व्यक्तियों में गजब का सन्तुलन पाया जाता है। उनमें मानसिक शान्ति भी तुलनात्मक रूप से अधिक होती है। अतः वे प्रायः सांसारिक सुख के साथ ही आन्तरिक शान्ति भी पाते हैं।

अध्याय-3

अँगुलियाँ और उनके गुण-दोष

हाथ में चार अँगुलियाँ होती हैं। पहली या प्रथम अँगुली (इसे तर्जनी या बृहस्पति (Jupiter) की अँगुली माना जाता है) अँगूठे के बाद वाली होती है। इसके नीचे हथेली पर बृहस्पति का क्षेत्र होता है। दूसरी अँगुली इसके बाद स्थित होती है। इसे बीच की अँगुली (Middle Finger), मध्यमा, या शनि (Saturn) की अँगुली भी कहा जाता है। शनि का क्षेत्र इसके नीचे हथेली पर स्थित माना जाता है। इसके बाद अँगूठी पहनने वाली अँगुली (Ring Finger) होती है जिसमे शादी वाली अँगूठी पहनी जाती है। इसे अनामिका भी कहा जाता है। इसके नीचे सूर्य का क्षेत्र होता है। चौथी सबसे छोटी कनिष्ठिका (Little Finger) कही जाती है। इसके नीचे बुद्ध क्षेत्र होता है।

इन क्षेत्रों को माउन्ट (Mount) या पर्वत कहा जाता है इसे ग्रह क्षेत्र मानते हैं।

अँगुलियों के सन्धिस्थल और गाँठे (The Joints of Fingers & their Knots)

अँगुलियों के दो पास वाले पर्वों में सन्धिस्थल या जोड़ होते हैं। कुछ अँगुलियों में सन्धिस्थल गाँठदार (Knotty) और कुछ में चिकने होते हैं। भिन्न-भिन्न अँगुलियों में गाँठों का क्रम अलग-अलग भी होता है। (चित्र संख्या-8अ, 8ब)। अँगुलियों के लक्षणों के बारे में निम्न शीर्षकों में विचार करेंगे।

1. गाँठदार या चिकनी अँगुलियाँ	4. स्थिति
2. आधार	5. अँगुली का टेढ़ापन
3(अ) लम्बी और छोटी अँगुलियाँ	6. अँगुलियों के बीच का स्थान।
3(ब) भिन्न-भिन्न अँगुलियों की लम्बाई, झुकाव तथा पर्व	

1. गाँठदार या चिकनी अँगुलिया

अँगुलियों की गाँठें हथेली के पीछे की तरफ से दिखायी देती है। गाँठदार अँगुलियों वाला व्यक्ति अपने विषय की बारीकियों और विस्तार में जाता है। ये गहराई से हानि-लाभ के बारे में विचार करना, विषय का विश्लेषण और संश्लेषण करना व्यक्त करती हैं। जितनी अधिक अँगुलियाँ गाँठदार होगी, ये विशेषताएँ उतनी ही अधिक होंगी। परन्तु किसी गाँठ का अनुचित रूप से बड़ा

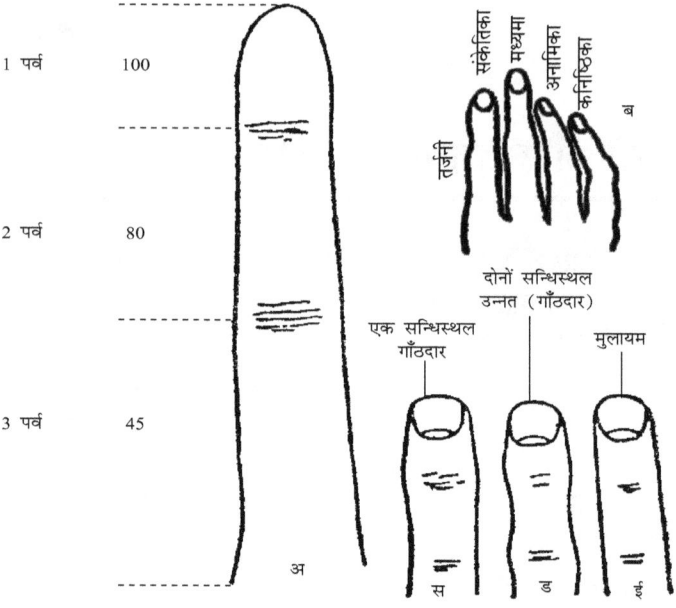

चित्र संख्या-8-अ

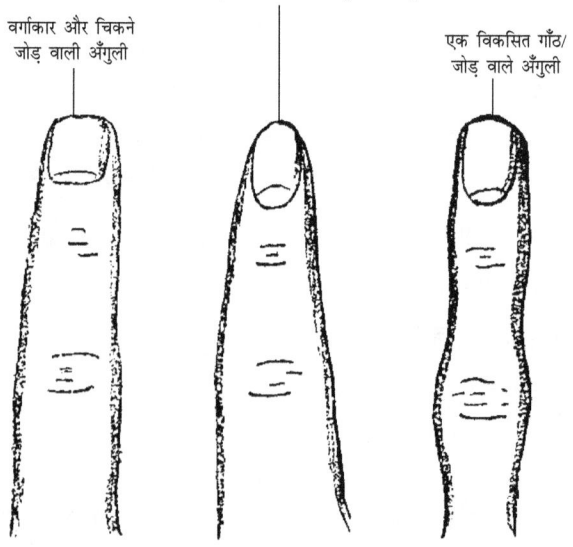

चित्र संख्या-8-ब : अँगुलियों के जोड़

होना अस्वास्थ्यकर होता है। प्रत्येक अँगुली में दो जगहें गाँठें होती हैं। नीचे पोरे वाली गाँठ सांसारिक क्रमबद्धता और विश्लेषण तथा ऊपर पोरे वाली गाँठ बौद्धिक तथा आध्यात्मिक क्रमबद्धता तथा विश्लेषण के गुणों को प्रकट करती हैं। नीचे पोरे में गाँठ वाले लोग वेश-भूषा तथा रंगों के मेल में बहुत रुचि लेते हैं और इनके निर्णय सही पाये जाते हैं। ये छोटी-छोटी बातों की बहुत चिन्ता करते हैं, इन्हें कोई भी वस्तु अस्त-व्यस्त पड़ी या गलत स्थान पर रखी सहन नहीं होती लेकिन बड़े-बड़े विषयों को पूरा करने में वे शान्त और सन्तुलित रहते हैं। ऐसे लोग किसी भी क्षेत्र में जायें अपनी इन विशेषताओं के कारण महत्त्वपूर्ण स्थान प्राप्त कर लेते हैं। इसके विपरीत चिकनी अँगुलियों वाले व्यक्ति विचार करने में जल्दबाजी करते हैं और निर्णय भी जल्दी लेते हैं।

इनके निर्णय तर्क पर नहीं वरन् अन्त:प्रेरणा पर आधारित होते हैं। अँगुलियाँ छोटी और चिकनी होने पर यह गुण अधिक बढ़ जायेगा। ऐसे लोगों की आदत किसी योजना पर अधिक गहराई से विचार करने या विश्लेषण करने की नहीं होती। परन्तु लम्बी और गाँठदार अँगुली वाला व्यक्ति बड़ी योजनाओं की सूक्ष्म से सूक्ष्म बात को भी नहीं छोड़ता। अत: ये अन्त में प्राय: सफल होते हैं।

2. आधार

अँगुलियों का आधार उसका सबसे नीचे वाला पर्व होता है। इसे अँगुली का मूल भी कहते हैं। अगर यह मोटा हो तो व्यक्ति खाने-पीने का शौकीन होता है। यदि यह पर्व पतला हो तो व्यक्ति खाने-पीने के सम्बन्ध में बहुत सावधानी बरतने वाला होता है। इसका उसके स्वास्थ्य पर अच्छा प्रभाव पड़ता है।

3(अ) लम्बी और छोटी अँगुलियाँ

अँगुलियों की लम्बाई और चौड़ाई नापने की विधि हम पहले ही स्पष्ट कर चुके है। (देखें पृष्ठ 37) लम्बी अँगुलियों वाले व्यक्ति में विश्लेषण करने तथा विषय की सूक्ष्म बातों में जाने का गुण पाया जाता है। अँगुलियों का बहुत अधिक लम्बा होना जातक को दूसरे व्यक्तियों के दोषों को निकालने में कुशल बना देता है। बहुत लम्बी अँगुलियों के साथ सूर्य रेखा अच्छी नहीं होने पर जातक को लोकप्रियता नहीं मिलती जिसका फल खराब निकलता है। लम्बी अँगुलियाँ पतली होने पर व्यक्ति में दूसरों को धोखा देने की प्रवृत्ति बढ़ाती हैं। किन्तु अच्छी भाग्य रेखा और सूर्य रेखा ऐसे व्यक्ति को कूटनीतिज्ञ या सफल व्यापारी भी बना सकती हैं। ऐसे लोग दूसरों की आलोचना करने में कुशल होते हैं और उन्हें उत्साहित कर अपने कार्य निकाल लेते हैं। परन्तु सूर्य व भाग्य रेखा खराब होने पर जातक जुआरी, जेबकतरा और अपराधी भी बन सकता है। छोटी अँगुली वाले व्यक्ति निर्णय लेने में जल्दबादी करते हैं। बहुत छोटी अँगुलियाँ स्वार्थी, आलसी और पाशविक प्रवृत्ति की द्योतक होती हैं। मोटी भी होने

पर इन अवगुणों की ज्यादती हो जाती है। सामान्य अँगुलियाँ जो न अधिक लम्बी हो न अधिक छोटी व्यक्ति के स्वभाव में सन्तुलन और सामान्य योग्यता दर्शाती हैं।

3(ब) भिन्न-भिन्न अँगुलियों की लम्बाई, झुकाव तथा पर्व

यदि चारों अँगुलियों की लम्बाई सामान्य से भिन्न-भिन्न होती है, तो ऐसी स्थिति में इनके गुण-दोष निम्नलिखित होते हैं।

तर्जनी अँगुली (Index Finger)/पहली अँगुली/बृहस्पति की अँगुली

प्राय: यह अनामिका (Ring Finger) से हल्की-सी छोटी होती है। अनामिका से बड़ी होने पर यह प्रकट करती है-उच्च पद की प्राप्ति, स्वार्थ व कठोरता की अधिकता, चतुरता, बड़ो की चापलूसी, छोटों पर कठोरता, अध्यात्म द्वारा दूसरों पर शासन, सत्ता पाने की भूख।

- ❋ तर्जनी अँगुली लम्बी, ऊपरी सिरा नुकीला-परम्परा, धर्म तथा पुराने विश्वासों में अन्धी आस्था, तन्त्र-मन्त्र, भूत-प्रेत में विश्वास, विशेषकर महिलाओं में।
- ❋ लम्बी तर्जनी और ऊपरी सिरा वर्गाकार-चरित्र की दृढ़ता तथा उदारता प्रकट करती है।
- ❋ औसत लम्बाई की तर्जनी, आगे का सिरा चपटा-ऐसे व्यक्ति का मन अधिकतर अस्थिर रहता है।
- ❋ बहुत छोटी तर्जनी-व्यक्ति शीघ्र निर्णय लेता है।
- ❋ तर्जनी अँगुली का पहला पर्व लम्बा-आत्मविश्वास पूर्ण आध्यात्मिक विधाओं में रुचि।
- ❋ तर्जनी अँगुली का दूसरा पर्व लम्बा-महत्त्वाकांक्षी, योगेच्छा।
- ❋ तर्जनी अँगुली का तीसरा पर्व लम्बा-अहंकारी, कठोर, पाशविक।
- ❋ प्रथम अँगुली (Index Finger) और मध्यमा (बीच की अँगुली) लम्बाई में बराबर-सौभाग्य, यश, अधिकार सम्पन्न।

मध्यमा अँगुली (Middle Finger) शनि की अँगुली

- ❋ मध्यमा अँगुली तर्जनी (Index) अँगुली से औसत से अधिक लम्बी होने पर व्यक्ति क्रूर, कठोर, असंवेदनशील, कसाई, जल्लाद दूसरों को पीड़ा देने में सुख लेने वाला, कामुक, सम्भोग में पशु जैसा व्यवहार करने वाला हो सकता है। लेकिन अच्छी भाग्य रेखा सूर्य रेखा तथा हृदय रेखा व्यक्ति को अच्छी शल्यक्रिया (Surgery) करने वाला बना देता है।
- ❋ मध्यमा लम्बी, अगला सिरा वर्गाकार-बुद्धिमान, महत्त्वाकांक्षी, गम्भीर, सम्मान प्राप्त करेगा।

- ❋ मध्यमा का ऊपरी सिरा चपटा-कलाकार, साहित्यकार, गायक, कवि।
- ❋ प्रथम पर्व बड़ा-निराश, दुखी, चित्रकार स्वयं को हानि/दण्ड देने वाला।
- ❋ दूसरा पर्व तुलना में अधिक लम्बा-व्यापार में लाभ होता है।
- ❋ तीसरा पर्व तुलना में अधिक लम्बा-कंजूस, अपयश पाता है।

अनामिका अँगुली (Ring Finger) सूर्य की अँगुली

- ❋ अधिकतर यह मध्यमा (Middle) अँगुली से छोटी और तर्जनी (Index Finger) से बहुत थोड़ी-सी बड़ी होती है। यदि यह तर्जनी अँगुली से अधिक बड़ी हो, व्यक्ति जीवन में अच्छी उन्नति करता है। उसमें दया, प्रेम, उदारता आदि गुण होते है।
- ❋ यदि यह मध्यमा के बराबर लम्बी हो जाये तो व्यक्ति अपने स्वार्थ हेतु दूसरों को कष्ट पहुँचाने वाला होता है। जुआ, सट्टा आदि खेलता तथा नशा करता है। इस प्रकार वह अपना तथा परिवार का नाश कर सकता है।
- ❋ अनामिका छोटी होने पर व्यक्ति को प्राचीन वस्तुओं, कबाड़ी का काम आदि करके लाभ हो सकता है। इतिहास और ऐतिहासिक भवनों तथा वस्तुओं से सम्बन्धित कार्यों से भी लाभ सम्भव होता है।
- ❋ अगला सिरा नुकीना-संगीतज्ञ, चित्रकार हो।
- ❋ अनामिका का ऊपरी भाग चपटा-प्राचीन चीजों, इतिहास आदि के कार्यों से लाभ।
- ❋ प्रथम पर्व लम्बा-कलात्मक रुचि, अभिनय, संगीत, गायन में लाभ।
- ❋ दूसरा पर्व लम्बा-अपनी प्रतिभा तथा परिश्रम से लाभ।
- ❋ तीसरा पर्व लम्बा तथा चौड़ा-राष्ट्र स्तर का सम्मान सम्भव।
- ❋ अनामिका अँगुली का झुकाव सबसे छोटी अँगुली की ओर हो-प्यार में लाभ।

अनामिका का झुकाव मध्यमा की तरफ होने से चिन्तन, मनन करने वाले कार्यों में लाभ। यदि यह अँगुली तर्जनी अँगुली के बराबर हो तो उसे यश पाने की अत्यधिक कामना होती है जो अच्छी सूर्य रेखा से पूरी भी हो सकती है।

कनिष्ठिका अँगुली (Little Finger) बुध की अँगुली

- ❋ यह अँगुली जितनी लम्बी होती है उतनी शुभ मानी जाती है। अनामिका के पहले पोरे तक पहुँचने वाली अँगुली वाला व्यक्ति उच्चस्तर की

सफलता प्राप्त करता है। वह साहित्यकार, अच्छा वक्ता या लेखन से सम्बन्धित कार्य करने वाला भी हो सकता है। वह जो भी कार्य करे उसमें अन्त में अच्छी कामयाबी पाता है। असाधारण लम्बाई बुद्धिजीवी होने, प्रभावशाली तथा सफल व्यक्तित्व को प्रकट करती है।

- अगर अँगुली छोटी हो तो व्यक्ति में व्यावहारिकता बढ़ा देती है।
- कनिष्ठिका का प्रथम पर्व बड़ा होने पर लेखन में रुचि, दूसरा पर्व विज्ञान में रुचि, तीसरा पर्व व्यापार में प्रवृत्ति बनाता है।

4. स्थिति

प्रत्येक अँगुली अपने क्षेत्र में होनी चाहिए। अगर किसी अँगुली का मूल अपने क्षेत्र से नीचे या इधर-उधर हो तो उसके गुणों में अभाव माना जाता है। इससे जातक पर उस अँगुली के अच्छे गुणों का असर कम पड़ता है। अपने क्षेत्र के अधिक उच्च स्थान से निकलने वाली अँगुली अपनी और अपने क्षेत्र/पर्वत (Mount) के गुणों में वृद्धि कर देती है।

5. अँगुली का टेढ़ापन

यह प्राकृतिक होना चाहिए, चोट आदि के कारण नही। कनिष्ठिका का टेढ़ी होना ईमानदारी की कमी, अनामिका का टेढ़ापन कला की चतुरता का दुरुपयोग या कला-सिद्धान्तों का अनादर, मध्यमा का टेढ़ापन हत्या करने की सम्भावना या हिस्टीरिया रोग होने की सम्भावना प्रकट करता है। संकेतिका का टेढ़ापन आदर-सम्मान में कमी तथा अपमान की सम्भावना बताता है।

अन्दर की ओर मुड़ी अँगुलियाँ

अन्दर की ओर झुकाव वाली अँगुलियाः जब चारों अँगुलियाँ पूरी तरह खोलने पर अन्दर की ओर मुड़ी हों या उस ओर शंकु बनाती हों, तो जातक डरपोक, चौकन्ना और दूसरों पर तथा अपनी चीजों पर भी शंका व सन्देह करने वाला होता है।

बाहर की ओर झुकाव वाली अँगुलियाँ: उचित रूप में बाहर की ओर झुकाव वाली अँगुलियों वाला व्यक्ति खुशदिल, व्यवहार कुशल, अच्छा मित्र, विवेकशील और जिज्ञासु होता है।

न बाहर और न अन्दर की ओर मुड़ने वाली अँगुलियाँ: ऐसी अँगुलियों वाला व्यक्ति हर बात और कार्य में अधिकतर सन्तुलित रहता है, भाग्यवान होता है।

पीछे की ओर अधिक झुकाव वाली अँगुलियाँ: व्यवहारकुशल, खुशदिल पर लापरवाह होता है। ऐसी लापरवाही कभी-कभी हानिकारक सिद्ध हो सकती है।

अँगुलियों के बीच खाली स्थान

जब अँगुलियों को पास-पास किया जाये तो स्वाभाविक रूप से उनके मध्य खाली स्थान रहे तो व्यक्ति बुद्धिमानी पर उदारता से खर्च करने वाला होता है। परन्तु बीच में अधिक खाली स्थान होने पर वह आवश्यकता से अधिक व्यय करने वाला तथा बचत कम करने वाला होगा। इसके विपरीत अँगुलियों को पास लाने पर उनके बीच नाम मात्र की जगह बचे या बिलकुल नहीं बचे, ऐसा होने पर व्यक्ति कंजूस होगा।

स्वाभाविक रूप से हाथ और अँगुलियाँ फैलाने पर पहली (Index Finger) और दूसरी अँगुली के (Middle Finger) बीच चौड़ी जगह रहना विचारों की स्वतन्त्रता प्रकट करता है।

दूसरी और तीसरी अँगुली के बीच (Between Middle Finger & Sun Finger) अधिक खाली स्थान होना यह बताता है कि व्यक्ति जीवन में स्वतन्त्र रहने की चाह रखता है और अपने भविष्य के प्रति निश्चित होता है। वह व्यवहार में अनौपचारिक होता है, उसे औपचारिकता (Formality) पसन्द नहीं होती। अनामिका (Sun Finger) और कनिष्ठिका अँगुली के बीच का अधिक खाली स्थान यह बताता है कि ऐसा व्यक्ति बातों में चाहें कुछ कहे पर कार्य अपनी स्वतन्त्र इच्छा से करता है।

हाथ का प्रकार और अँगुलियों के फल

- मान लीजिए कि किसी व्यक्ति का हाथ वर्गाकार है अर्थात् हथेली की लम्बाई-चौड़ाई लगभग बराबर है और उसकी अँगुलियाँ भी वर्गाकार है, ऐसी स्थिति में वह सांसारिक दृष्टि से सर्वाधिक अच्छा, व्यवहारकुशल, कठिन परिश्रम करने वाला तथा अपनी कामयाबी के लिए सतत प्रयत्नशील होगा।

- यदि उसकी अँगुलियाँ वर्गाकार की बजाय लम्बी हों तो वह अपने विचारों को प्रकट करने में तर्कशील और कुशल होगा। यदि अँगुलियाँ आपस में सटाने पर उनके बीच अधिक खाली स्थान रहता है तो वह सारी अच्छाइयों के बावजूद अधिक खर्च करने वाला होगा।

अँगुलियों के पोरों पर चिह्न और उनके फल

भारतीय हस्त सामुद्रिक शास्त्रानुसार यदि चक्र का चिह्न सभी अँगुलियों के प्रथम पर्व पर हो तो बहुत शुभ होता है। ऐसा जातक अच्छा भाषण देने वाला, वार्तालाप में निपुण और ऊँची शिक्षा पाता है। चक्र का चिह्न नौ अँगुलियों पर हो तो जातक विदेश जाता है, गुणवान तथा बुद्धिमान होता है। जीवन में अच्छी उन्नति करता है पर शनै: शनै:। अगर दाहिने हाथ की चार अँगुलियों में चक्र हो तो जातक धार्मिक,

सामाजिक तथा शिक्षा के क्षेत्र में उन्नति करता है। दाहिने हाथ की 3 अँगुलियों में चक्र होने पर जातक व्यापार करने या व्यापारिक कार्यों में उन्नति करता है।

- ※ दोनों हाथों की दसों अँगुलियों के प्रथम पोरे में शंख का चिह्न जातक को आध्यात्मिक ज्ञान से पूर्ण संन्यासी विद्वान बनाता है। उसे समाज में प्रतिष्ठा और यश मिलता है।
- ※ अँगूठे या अँगुलियों के प्रथम पोरे (पर्व) पर स्थित तारा (Star) उस अँगुली की विशेषता के अनुसार सफलता देता है।
- ※ अँगुलियों के बीच बनी धारियाँ (पोरों को अलग करने वाली लकीरें) यव (जौ) के आकार की होना शुभ माना जाता है। ऐसा व्यक्ति उचित मात्रा में विद्या तथा धन प्राप्त करता है।

वर्गाकार हाथ में चपटे हाथ (Spatulate Hand) जैसी अँगुलियाँ होने पर वह किसी उपयोगी यन्त्र का आविष्कारक हो सकता है। वर्गाकार हाथ में अतीन्द्रिय हाथ (Psychic Hand) जैसी अँगुलियाँ होने पर उसकी व्यावहारिकता में कमी आ जाती है। वह किसी कार्य को उत्साह से शुरू करेगा परन्तु सतत प्रयत्न नहीं कर सकेगा जिससे असफल हो जायेगा। परन्तु यदि वह कोई परामनोवैज्ञानिक साधना करेगा तो सफल होने की सम्भावना बढ़ जायेगी। वह ध्यान, प्राणायाम आदि करने की नयी विधियाँ और उनके उपयोग भी निकाल सकता है।

अब दार्शनिक हाथ (Philosophic Hand) और अतीन्द्रिय हाथ (Psychic Hand) के बारे में बताते हैं क्योंकि इन दोनों के बीच भेद कम होता है। दार्शनिक हाथ फैला हुआ तथा बड़ा होता है परन्तु अतीन्द्रिय छोटा और पतला। पहले में हड्डियाँ उभरी हुई होती है, दूसरे में नहीं। अतीन्द्रिय हाथ का अँगूठा छोटा होता है और दार्शनिक हाथ का बड़ा। पहले में अँगुलियाँ चिकनी तथा नाखून नुकीले पाये जाते है, दूसरे में अँगुलियाँ लम्बी तथा उनके जोड़ गाँठ वाले होते हैं।

अतीन्द्रिय हाथ वाले की हथेली पर दार्शनिक हाथ जैसा अँगूठा होने पर उसमे गहराई से विचार करने, ज्ञान पाने की लालसा, अपने कार्य और विचारों पर दृढ़ रहने, कम बोलने के गुण आ जायेंगे। इसके साथ मूल गुण अतीन्द्रिय हाथ के रहेंगे। इस प्रकार के हाथों को मिश्रित हाथ कहा जाता है। इन उदाहरणों द्वारा हम मिश्रित हाथ होने पर उनके फल निकालने की विधि सीख सकते हैं।

नाखून (Nails) और स्वास्थ्य

हाथ में नाखूनों का भी एक मुख्य स्थान है क्योंकि वे हमें स्वास्थ्य तथा स्वभाव के बारे में महत्त्वपूर्ण जानकारी देते हैं। नाखूनों की किस्में तथा उनके गुण निम्नलिखित है।

चौड़े नाखून: अच्छी शारीरिक शक्ति, बहुत कम चौड़े-रीढ़ की हड्डी की कमजोरी।

कोमल संकरे नाखून: शारीरिक कमजोरी।

अधिक लम्बे नाखून: छाती (हृदय, फेफड़े) और सिर के रोगों की सम्भावना।

छोटे और भारी नाखून: दूसरों में ही नहीं वरन् अपने में भी दोष देखने की प्रवृत्ति (चित्र संख्या-9)।

अधिक छोटे नाखून: दिल से सम्बन्धित रोगों की सम्भावना।

नाखूनों में खड़ी धारियाँ: शारीरिक क्षीणता और स्नायु रोगों की सम्भावना।

सामान्य लम्बे नाखून: औसत शारीरिक-शक्ति।

फूले हुए, छोटे और दोनों ओर से मुड़े नाखून: दमा, गले के रोगों, तपेदिक आदि की सम्भावना।

नाखून पर श्वेत (White) चिह्न या धब्बा: शारीरिक-शक्ति में कमी होना, रक्त प्रवाह में दोष की सम्भावना।

खुरखुरे नाखून, चिकनाई न होना: जिगर और उदर सम्बन्धी रोग हो सकते हैं।

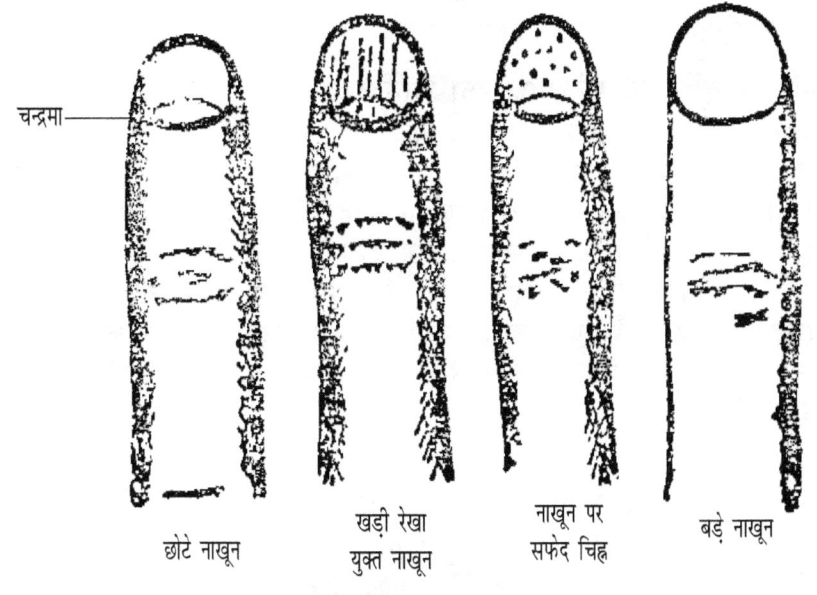

चित्र संख्या-9

हल्के नीले रंग के नाखून: दिल की कमजोरी, रक्त में होमोग्लोबिन की कमी। जातक को दिल के रोग का खतरा।

गुलाबी रंग के नाखून: अच्छा स्वास्थ्य।

टेढ़े नाखून: गले और छाती के रोग सम्भव।

अधिक रक्तवर्ण नाखून: यदि हथेली भी अधिक रक्तवर्ण की है (ब्लडप्रेशर) रक्तचाप होने की सम्भावना।

किनारों पर मुड़ने-उठने का उपक्रम करते और बहुत छोटे चपटे नाखून: पक्षाघात (लकवा) की सम्भावना।

पीले रंग के नाखून: जिगर की खराबी, पौरुषशक्ति में बहुत कमी।

बहुत चौड़े नाखून: झगड़ालू स्वभाव, क्रोध की अधिकता।

नाखूनों में नीचे के भाग में चन्द्र: अच्छा स्वास्थ्य।

नाखूनों पर काले धब्बे: रक्त दूषित होने की सम्भावना।

त्वचा: चिकनी त्वचा स्वास्थ्य और सौन्दर्य प्रकट करती है। परन्तु इसके साथ स्वास्थ्य सम्बन्धी अन्य चिह्न भी देखना आवश्यक है। खुरदुरी त्वचा वाले व्यक्ति अधिक स्वस्थ होते हैं। वे अधिकतर शिष्टता पर ध्यान नहीं देते। अधिक कोमल और चिकनी त्वचा व्यक्ति को सुस्त बनाती तथा रोगों को आमन्त्रित करने वाली होती है।

रंगो की दृष्टि से पूरे हाथ का वर्गीकरण

श्यामल रंग वाले हाथ: इनकी हथेली पर श्यामवर्ण की हल्की छाया पायी जाती हैं। ये क्रोधी, अहंकारी, मन्दबुद्धि, पाशविक, नशेबाज और वेश्यागामी भी हो सकते हैं। धन पाने के लिए हर तरह की नीति और हथकण्डे अपनाते हैं। अगर ऐसे लोगो की मस्तिष्क रेखा अच्छी हो तो ये भाग्यवान बन सकते हैं। चन्द्रमा व मंगल का शुभ होना भी आवश्यक है। अन्यथा इनका अन्त दु:खद हो सकता है। ऐसे लोगों के लिए अपने मन को संयमित रखना तथा भ्रष्ट आचरण से बचना स्वास्थ्य, सुख और सफलता दे सकता है। लेकिन यह बहुत कठिन है।

लाल हाथ: रक्तवर्ण हाथ में भी ऊपर लिखी बुराइयाँ पायी जाती हैं। ऐसे लोग स्वस्थ होते हैं पर अन्त में अपनी ही बुराइयों जैसे अधिक क्रोध, काम आदि के कारण मारे जा सकते हैं, प्राय: अपने ही लोगों द्वारा। श्यामल तथा लाल हाथ वालों को रक्तचाप (Blood Pressure) अधिक होने या मधुमेह (Diabetes) का रोग सम्भव है।

गुलाबी हाथ: गोरे या चम्पई वर्णों में पाये जाते हैं। सिन्दूरी हाथ भी इसी श्रेणी में आता है। ये स्वभाव से कोमल, स्वस्थ और संवेदनशील होते हैं। कामशक्ति अधिक, भोगवादी और अधिक चंचलता होती है। प्रायः धनवान वर्ग के होते हैं।

सफेद व पीला हाथ: अधिक असफलताओं, निराशा तथा दुःखों-रोगों का सामना करना पड़ता है। उदासीनता (Depression) के शिकार। सफलता पाने के लिए लम्बा और कठिन संघर्ष करना पड़ता है। निद्रा की अधिकता, आलस्य तथा अत्यधिक काम वासना से इन्हें बचना चाहिए। यह हाथ सफेदी अधिक दिखाता है, पीलापन कम। पूरी तरह पीला हाथ जिगर के रोग या पीलिया रोग का सूचक है। सफेदी दिखाने वाला हल्का पीताभ हाथ का व्यक्ति स्वार्थी, अहंकारी और दूसरों के प्रति सहानुभूति बहुत कम रखता है। पूरी तरह पीलापन रोगग्रस्तता, अवसाद (Depression) और चिड़चिड़ापन दर्शाता है।

नीला हाथ: ऐसे लोग किसी प्रकार के नशे के आदी होते हैं या इनमें रक्तदोष पाया जाता है। स्वास्थ्य पर अधिक ध्यान देने की आवश्यकता है। हृदय रोग भी सम्भव है।

हाथों के दाग: काले या नीले धब्बे गुप्त रोगों, स्नायु रोगों की सम्भावना प्रकट करते हैं।

ताप (गरमी) की दृष्टि से हाथों का वर्गीकरण

1. गरम हाथ: हाथ का अस्वाभाविक रूप में गरम बने रहना रोग का द्योतक है। इन्हें गरमी तथा सरदी दोनों ही अधिक महसूस होती है। ऐसे व्यक्ति अम्ल-पित्तधारी होते हैं। इन्हें उच्च रक्तचाप का रोग हो सकता है।

2. ठण्डा हाथ: हाथ का अस्वाभाविक रूप से सदा ठण्डा रहना निम्न रक्तचाप रोग का द्योतक होता है। पुरुष में यह पौरुष की कमी दिखाता है। उसे मूत्र सम्बन्धी रोगों की सम्भावना भी होती है। ऐसी स्त्रियों में प्रदर, गर्भपात, हड्डियों या बदन की पीड़ा, अपच आदि रोग भी हो सकते हैं।

रेखाओं की दृष्टि से हाथ का वर्गीकरण

अधिक रेखाओं वाला हाथ: ये अधिक विचार तथा कल्पनायें करने वाले होते हैं। हथेली मुलायम होने पर, भावुकता, अत्यधिक संवेदनशीलता, ईमानदारी, दीन-दुखियों के प्रति अत्यधिक सहानुभूति, शीघ्र उत्तेजित हो जाना, उत्तेजित स्वर में बोलना इनकी मुख्य विशेषताएँ हैं। ये तिल का ताड़ बना देते हैं अर्थात् छोटी-सी बात को बड़ी समझकर चिन्ता में पड़ जाते हैं। प्रायः तुनकमिजाज, कफज प्रकृति के और देर में सफलता पाने वाले होते हैं। इनकी छोटी-छोटी रेखाएँ अर्थहीन होती हैं।

अधिक रेखाओं वाले हाथ की हथेली कठोर तथा दृढ़ होने पर व्यक्ति को अधिक ऊर्जावान और शीघ्र उत्तेजित होने वाला बनाती है। ये दूसरों के लिए अधिक सफलता दिलाने वाले होते हैं, अपने आपको कम। जब हथेली पर सुन्दर हल्की चमकवाली त्वचा हो तो व्यक्ति अधिक आयु तक स्वस्थ तथा युवा रहता है।

कम रेखाओं वाले हाथ: प्रायः मुख्य रेखाओं को छोड़कर अन्य रेखाएँ नहीं होती। कभी-कभार मुख्य रेखा भी हल्की होती अथवा नहीं होती। इनकी हथेली की जिल्द मोटी तथा मजबूत होती है। ऐसे हाथों में हल्की रेखाओं, चिह्नों, पर्वतों, पोरों, अँगूठे, अँगुलियों आदि की विशेषताओं का सूक्ष्मता से अध्ययन करना जरूरी है। कम रेखाओं वाले पुरुषों में भावुकता तथा कल्पनाशक्ति कम होती है। वे जल्दी घबड़ाते नहीं और यर्थाथवादी होते हैं। ऐसी महिलाओं की मानसिक-शान्ति में शादी के बाद भी बाधा बनी रहती है। वे अधिक रोने वाली और जमीन-जायदाद खरीदने की गहन इच्छा रखती हैं।

सामान्य नियम: कठोर और दृढ़ हथेली ऊर्जा, स्वास्थ्य और सन्तुलन देने वाली होती है। मुलायम हथेली वाला जल्दी अस्वस्थ होता है और सन्तुलन खो देता है।

अध्याय-४

ग्रह क्षेत्र या पर्वत उनकी स्थिति तथा फल

हमारे प्राचीन ऋषि-मुनियों ने अपनी साधना और अन्वेषणों से इस सत्य को आज से हजारों वर्षों पूर्व ही जान लिया था कि जो अण्ड में है वही ब्रह्माण्ड में। आधुनिक विज्ञान भी इसी सत्य पर पहुँच चुका है। विज्ञान के अनुसार एक अणु का नाभिक सूर्य की तरह मध्य में हैं और इलेक्ट्रॉन उसके चारों ओर चक्कर लगा रहे हैं। इस उपमा के अनुसार हम भी यह कह सकते हैं कि पूरा सौरमण्डल और उससे प्रभावित क्षेत्र हमारे हाथ की हथेली में है।

- पहली अँगुली (Index Finger) के नीचे देवताओं के गुरु बृहस्पति (Mount of Jupiter) का क्षेत्र।
- दूसरी अँगुली (Middle Finger) के नीचे महाराज शनि का क्षेत्र (Mount of Saturn)।
- तीसरी या अनामिका अँगुली (Ring Finger) के नीचे राजाधिराज सूर्यदेव का क्षेत्र (Mount of Sun)।
- सबसे छोटी अँगुली (Little Finger) के नीचे विचार संचारण के स्वामी बुधमहाराज का क्षेत्र (Mount of Mercury) स्थित है।
- प्रेम, प्रणय और कामशक्ति के देवता शुक्र का क्षेत्र (Mount of Venus) अँगूठे के नीचे स्थित है।
- इनके पास ऊपर ही युद्ध के देवता मंगल का क्षेत्र (Mount of Mars) जीवन रेखा (Line of Life) के अन्दर बृहस्पति क्षेत्र के नीचे जिसे मंगल का नीचे वाला क्षेत्र कहते हैं, स्थित है।
- हथेली के दूसरी ओर बुध तथा चन्द्रदेवता (Mount of Luna) के मध्य मंगल का ऊपरी क्षेत्र है। चन्द्रदेवता अपनी सुन्दरता का प्रकाश मणिबन्ध की सीमा तक फैला रहे हैं। ध्यान दीजिए कि यहाँ भी साहस तथा युद्ध के देवता मंगल को दो स्थान देकर पूरा सम्मान दिया जा रहा है। (चित्र संख्या-10)। इसीलिए भाग्यवान बनने वाले का (मानसिक तथा शारीरिक रूप से) साहसी होना जरूरी है। सबसे बड़ी वीरता और साहस अपने मन को वश में करना माना जाता है।

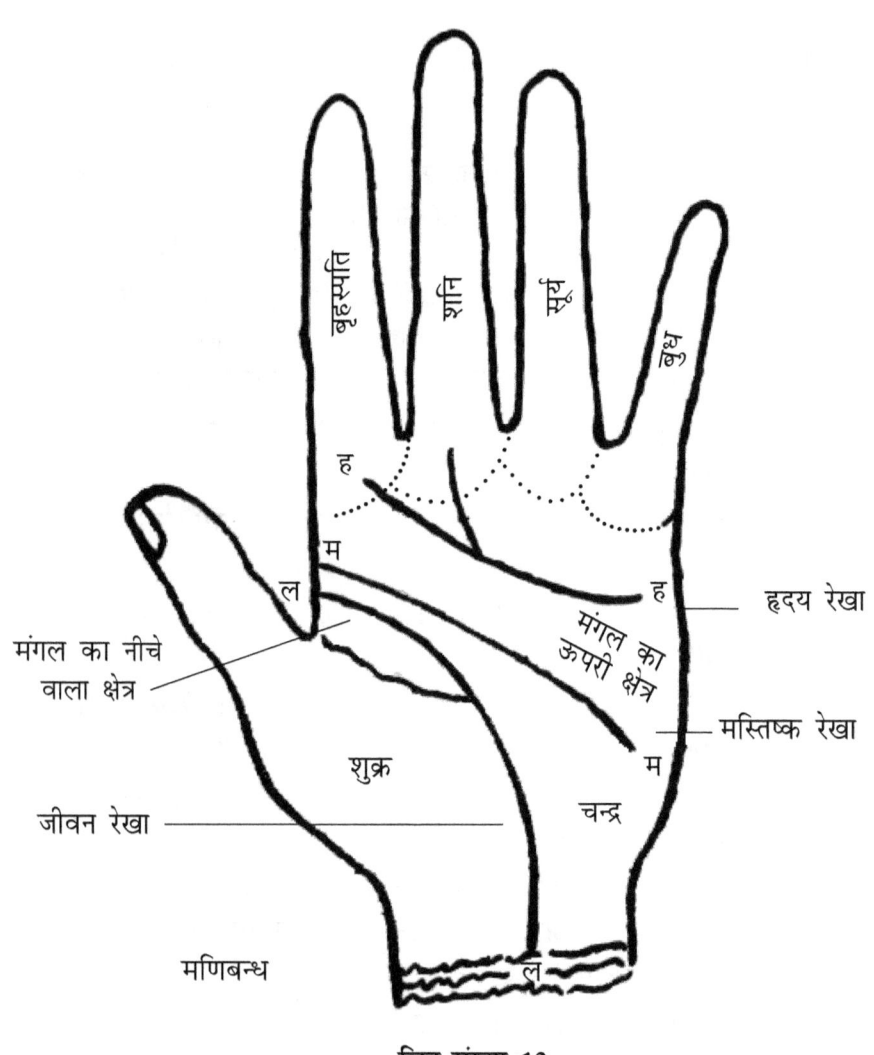

बृहस्पति
शनि
सूर्य
बुध
ह
म
ल
ह
हृदय रेखा
मंगल का नीचे
वाला क्षेत्र
मंगल का
ऊपरी क्षेत्र
मस्तिष्क रेखा
म
शुक्र
जीवन रेखा
चन्द्र
मणिबन्ध
ल

चित्र संख्या-10

ग्रहों के इन क्षेत्रों को पर्वत (Mount) भी कहते हैं। यह एक रहस्यमय पर रोचक तथ्य है कि जिस प्रकार हमारी धरती माता पर पर्वत, घाटियाँ, मैदान, नदियाँ, द्वीप आदि होती हैं, उसी प्रकार हथेली पर भी इनके चिह्न विद्यमान हैं। हम ग्रहों के क्षेत्रों या पर्वतों के बारे में जान चुके हैं, आइए! अब मैदानों के बारे में जानें।

1. मंगल का मैदान या क्षेत्र

यदि यह हथेली के अन्य स्थानों की तुलना में कुछ उठा हुआ हो तो व्यक्ति वीर एवं साहसी होता है। वह अर्थ लाभ के लिए सतत प्रयत्न करने वाला भी पाया जाता है। लेकिन यह स्थान तुलनात्मक रूप से दबा होने पर वह कायर और आलसी होगा। ऐसी ग्रह दशा में अच्छी भाग्यरेखा का भी पूरा फल नहीं निकल पाता।

मंगल के मैदान के दोनों भागों को देखने पर आप पायेंगे (चित्र संख्या-10) कि उनमें से एक मस्तिष्क रेखा और हृदयरेखा के मध्य में स्थित है। इसे चतुष्कोण (Quadrangle) कहते हैं एवं इसे मंगल का ऊपरी क्षेत्र माना जाता है। बृहस्पति और शुक्र क्षेत्र के मध्य का भाग निचला मंगल क्षेत्र कहलाता है।

मंगल पर कोई अँगुली नहीं होती परन्तु वह अँगूठे के पहले पोरे (पर्व) से प्रकट हो जाता है। मंगल (Mars) युद्ध का देवता होने के कारण उपर्युक्त स्थान से इच्छाशक्ति दिखलाता है। स्पष्ट है कि वीरता, साहस तथा संघर्ष के लिए इच्छाशक्ति एक अहम भूमिका निभाती है। इसके लिए हमें अँगूठे के प्रथम पर्व को देखना चाहिए। लम्बा तथा पुष्ट पर्व मंगल के सद्गुणों को बढ़ाता है।

यदि मंगल का निचला क्षेत्र अच्छा उठा हुआ हो तो व्यक्ति साहसी पर झगड़ालू होता है। यह उचित रूप में बढ़ा होने पर जातक को बुद्धिमानी पूर्ण साहस देता है साथ में उद्देश्य प्राप्ति के लिए सतत प्रयत्न करने की शक्ति। परन्तु बहुत अधिक बढ़ा हुआ क्षेत्र जातक को अधिक हिंसक, लड़ाकू, कठोर तथा दुस्साहसी बना देता है जिसका अन्त अधिकतर अच्छा नहीं होता।

साहस, कर्मठता और आक्रामक शक्ति को जानने के लिए निचले मंगल को देखना चाहिए। दूसरों या परिस्थितियों के आक्रमण का धीरता व साहस से सामना करने की शक्ति जानने के लिए मंगल का ऊपरी क्षेत्र देखना जरूरी होता है। मंगल का ऊपरी क्षेत्र व्यक्ति की बुद्धिमानी से पूर्ण वीरता, धैर्य, सहनशक्ति और कर्मठता प्रकट करता है।

दोनों क्षेत्रों से शारीरिक-शक्ति, साहस, वीरता, संघर्ष करने की शक्ति, मानसिक दृढ़ता, खर्चीलापन, दूसरों पर प्रभाव डालने की शक्ति, तथा परिस्थितियों का सामना करने की सहनशक्ति प्रकट होती है।

जिन व्यक्तियों का मंगल दबा हुआ होता है, वे प्राय: दब्बू, कायर, नेतृत्व के गुणों से रहित होते हैं। उनमें कार्यों को अधूरा छोड़ देने की प्रवृत्ति, लगन व सतत प्रयत्नशीलता की कमी पायी जाती है।अत: ऐसे लोग अधिकतर जीवन में कोई बड़ी कामयाबी नहीं प्राप्त कर सकते हैं।

उपर्युक्त के विरुद्ध जिन हाथों में दोनों मंगल अच्छे उठे हों और अँगूठा भी अनुकूल हो, वे जीवन में प्राय: सफल होते हैं। ऐसे व्यक्ति सेना, पुलिस, ऊर्जा सम्बन्धी कार्य व्यवसाय जैसे ब्बायलर, रॉकेट विज्ञान, सूर्य-ताप विज्ञान आदि में अधिक सफल होते हैं क्योंकि मंगल क्षेत्र का सम्बन्ध रक्त, अग्नि तथा ताप ऊर्जा से है। मंगल का रक्त से सम्बन्ध होने के कारण ऐसे व्यक्ति अच्छे सर्जन तथा डाक्टर बन सकते हैं।

मंगल के क्षेत्रों का वर्णन पढ़ते हुए हमें यह समझ में आ जाता है कि-

(1) हाथ के समस्त ग्रह क्षेत्रों या पर्वतों का सूक्ष्म निरीक्षण करते समय हमें उनका एक दूसरे से तुलनात्मक अध्ययन करना है अर्थात् कौन ग्रह क्षेत्र किस ग्रह क्षेत्र से बड़ा है।

(2) वह क्षेत्र बहुत बड़ा या बहुत ऊँचा है, बहुत कम ऊँचा है या उचित रूप में ऊँचा है अथवा हथेली में धँसा (Hollow) है। उचित रूप में बड़ा/ऊँचा श्रेष्ठ है।

(3) साथ में अँगुलियों (सम्बन्धित क्षेत्र) की स्थिति तथा प्रकार को देखना जरूरी है।

(4) ग्रह क्षेत्रों या पर्वतों के आपसी प्रभावों व सम्बन्धों को भी ध्यान में रखना आवश्यक है।

(5) सम्बन्धित रेखा जैसे भाग्य रेखा, मस्तिष्क रेखा आदि भी अपना-अपना पूरा महत्त्व रखती हैं।

कुछ हाथों में पर्वत (Mount) या ग्रह-क्षेत्र की चोटी सम्बन्धित अँगुली के ठीक नीचे नहीं होती वरन् थोड़ी इधर-उधर होती है। उदाहरण के लिए यदि बृहस्पति क्षेत्र की चोटी थोड़ी-सी शनि क्षेत्र की ओर झुकी हो तो दोनों के गुणों में सहयोग होगा।

हम मंगल क्षेत्र के बारे में वर्णन कर चुके हैं। अत: अब बृहस्पति क्षेत्र/पर्वत (Mount of Jupiter) से शुरू करेंगे। बृहस्पति देवताओं के गुरु थे, अत: इसे गुरु पर्वत भी कहते हैं।

2. बृहस्पति क्षेत्र (Mount of Jupiter)

बृहस्पति क्षेत्र के मुख्य गुण हैं- आत्मसम्मान, आत्मविश्वास, संयम, नेतृत्व के गुण विचारशीलता तथा शनि के मुख्य गुण हैं- मनोविज्ञान, दर्शन तथा परामनोविज्ञान के प्रति अत्यधिक रुचि, दूरदर्शिता, स्वतन्त्रता की भावना। इन दोनों प्रकार के गुणों के मिलने से जातक (Client) में साक्षी-भाव, आत्म परीक्षण तथा आत्मविकास के गुणों का उदय होगा। ग्रह चोटी (Mount) या पर्वत का अर्थ उस क्षेत्र के सबसे ऊँचे भाग से होता है।

पहले वर्णित गुणों के अतिरिक्त बृहस्पति के अन्य गुण हैं- धार्मिक रुचि, प्रतिष्ठित पद, खर्चीला होना, आज्ञा व कानून का पालन करना तथा करवाना, न्याय प्रियता, उत्साह से कार्य करना, सत्ता पाने की इच्छा।

3. शनि क्षेत्र (Mount of Saturn)

यह क्षेत्र मध्यमा अँगुली के नीचे स्थित होता है। पूर्व वर्णित गुणों के अलावा अन्य गुण है- एकान्त प्रियता, शान्ति, संगीत प्रियता और उसकी प्रशंसा, सांसारिक समझदारी, सावधान रहने का गुण, अपने कार्यों के प्रति गम्भीरता/जोश। खर्च में सावधानी, भूमि सम्बन्धी चीजों के व्यापार से लाभ। भाषण, लेखन व गायन में कुशलता, विज्ञान की विविध शाखाओं तथा गणित की ओर रुझान।

4. सूर्य क्षेत्र (Mount of Sun)

अनामिका अँगुली (Ring Finger) के नीचे स्थित यह क्षेत्र विचारों तथा मानसिक शक्ति को तेज युक्त बनाता है। इसे सूर्य पर्वत (Mount of Sun) के अलावा अपोलो का पर्वत (Mount of Apollo) भी कहते हैं। अच्छा विकसित सूर्य पर्वत सभी सुन्दर तथा कलात्मक वस्तुओं का अत्यधिक प्रशंसक होता है। उसे कविता, चित्रकला साहित्य तथा सभी काल्पनिक रचनाओं से अत्यधिक प्रेम होता है। प्राचीन हस्त सामुद्रिक शास्त्र के अनुसार सूर्य पर्वत सभी प्रकार की विधाओं और पाण्डित्य से सम्बन्धित है। अच्छा उठा हुआ सूर्य पर्वत व्यक्ति को सामाजिक प्रतिष्ठा, सम्मान तथा अपने क्षेत्र में सफलता तथा यश प्रदान करता है। उसे मनोनुकूल अच्छी पत्नी मिलती है।

5. बुध क्षेत्र (Mount of Mercury)

यह कनिष्ठिका अँगुली के नीचे स्थित होता है। इस क्षेत्र से श्वास प्रणाली की तीव्रता, लिखने तथा बोलने में विचार-प्रवाह की तीव्रता, विचारों को भली प्रकार समझना तथा दूसरों को शीघ्रता से अपने विचार बताना, कार्य करने में तीव्र गति होना तथा सैर-सपाटे करने का शौकीन होना प्रकट होता है। जिन खेल-कूदों

या कार्यों में तीव्रगामी होने की जरूरत हो, उनमें विकसित बुध ग्रह वाले आगे रहते हैं। अच्छे बुध क्षेत्र वाले जातक अच्छे लेखक, पत्रकार, सम्पादक, वक्ता, टी.वी. एंकर आदि हो सकते हैं।

6. शुक्र क्षेत्र (Mount of Venus)

यह क्षेत्र अँगूठे के ठीक नीचे स्थित होता है। यह जल प्रधान ग्रह है। जीवन रेखा जितनी गोलाई लेगी, शुक्र क्षेत्र उतना ही बड़ा होगा। यह जीवन रेखा से घिरा होता है और पुरुष हाथ में पुरुषत्व प्रकट करता है। यह पुरुष के प्रणय सम्बन्धों को भी उद्घाटित करता है। महिलाओं के हाथों में यह उनकी सन्तान को जन्म देने की शक्ति, प्रणय सम्बन्ध तथा प्रेम सम्बन्धों की घनिष्ठता पर प्रकाश डालता है। इस भाँति यह क्षेत्र स्त्री-पुरुष के काम सम्बन्धों (Sexual Relations) का आईना है। लेकिन इसके साथ हृदय रेखा, चन्द्र क्षेत्र (Mount of Luna) और सूच्याकार हाथ (Conic Hand) की सूर्य अँगुली (अनामिका) भी अच्छी होने पर यह प्रकट होता है कि व्यक्ति अपने प्रणय सम्बन्धों में सफल होगा। मानसिक पक्ष में यह विपरीत यौन के प्रति शारीरिक आकर्षण व सौन्दर्य के प्रति प्रबलता को बतलाने वाला होता है।

7. चन्द्र क्षेत्र (Mount of Luna)

यह मंगल के ऊपरी क्षेत्र के नीचे स्थित हैं। शुक्र क्षेत्र की भाँति चन्द्र क्षेत्र भी जलप्रधान होता है। एक सन्तुलित रूप में उठे हुए चन्द्र क्षेत्र से भावुकता, कल्पनाशक्ति, प्रेम तथा सौन्दर्य के प्रति आकर्षण, काव्य रचना करने की शक्ति, विपरीत यौन वालों के प्रति अधिक ध्यान (स्त्री का पुरुष के प्रति तथा पुरुष का स्त्री के प्रति) देना, वातावरण के अनुकूल शीघ्र बन जाना, अच्छी इच्छाशक्ति, अच्छे वस्त्रों को पहनने का शौक, चन्द्रमा के सौन्दर्य के प्रति अधिक आकर्षण और प्राकृतिक सौन्दर्य के प्रति गहरा प्रेम प्रकट होता है।

ऐसे व्यक्तियों पर पूर्णमासी तथा अमावस्या की रात्रियों के चन्द्रमा का विशेष प्रभाव पड़ता है। इन रातों में वे अत्यन्त भावुक हो उठते हैं। उनके हृदय की भावनायें अभिव्यक्त होने के लिए सागर तरंगों की तरह ऊँची उठने लगती हैं और वे उन पर नियन्त्रण नहीं कर पाते।

चन्द्रमा तथा शुक्र दोनों जलप्रधान होने के कारण लगभग समान गुण रखते हैं। परन्तु जिन व्यक्तियों में शुक्र की प्रधानता होती हैं वे इन्द्रियों के सुखों से अधिक प्रभावित होते हैं। चन्द्र की प्रधानता वाले अपनी कल्पनाशक्ति से अधिक प्रेरणा लेते और उसका सुख उठाते हैं।

8-9. राहु और केतु

प्राचीन हस्त सामुद्रिक शास्त्र के अनुसार इन ग्रहों को छाया ग्रह कहा गया है अर्थात् यथार्थ में ये दोनों ग्रह नहीं होते। पृथ्वी तथा चन्द्रमा की कक्षायें (अण्डाकार घूमने के मार्ग) जहाँ एक दूसरे को काटती हैं, उनमें से एक बिन्दु को 'राहु' तथा दूसरे को 'केतु' कहते हैं। राहु में मंगल प्रधान तथा केतु में शनिप्रधान गुणों को माना गया है।

पृथ्वी सूर्य का चक्कर लगाती है और चन्द्रमा पृथ्वी का अतः इन दोनों के मार्ग दो बिन्दुओं पर एक दूसरे को काटते या मिलते हैं। आज इस वैज्ञानिक सत्य को सभी जानते हैं कि 'राहु' तथा 'केतु' नाम के कोई ग्रह नहीं हैं। व्यक्तिगत रूप से मैं भी इसे उचित तथा सही मानता हूँ।

अधिक उठे/दबे ग्रह क्षेत्र

'अति सर्वत्र वर्जयेत्' अर्थात् किसी भी गुण-अवगुण या उभार-दबाव की अधिकता अच्छी नहीं होती। यह नियम ग्रह क्षेत्रों पर भी लागू होता है। यहाँ प्रस्तुत है विभिन्न ग्रह क्षेत्रों के अधिक दबे या उठे होने के फल।

1. बृहस्पति क्षेत्र (Mount of Jupiter)

बहुत अधिक उठा होने पर-अनेक गुण दोष में बदल जायेंगे जैसे दृढ़ता का रूप जिद्दी होने में और अपने पर विश्वास होना गर्व का रूप ले लेगा। इसके अलावा गठिया तथा जख्म होने पर रक्त देर से जमने के रोग सम्भव।

बहुत अधिक दबा होने पर-क्षेत्र पर कोई चिह्न नहीं बनता हो सिवाय आड़ी-तिरछी रेखाओं या जाली के ऐसा व्यक्ति आलस्य का बुरा शिकार, स्वार्थी, और अत्यधिक धार्मिक होगा। उसके मन में उन्नति करने की इच्छा भी नहीं होगी। यदि बृहस्पति की अँगुली (Index Finger) भी कमजोर है तो यह निश्चित है कि उसकी उन्नति होना लगभग असम्भव है।

2. शनि क्षेत्र (Mount of Saturn)

बहुत अधिक दबा होने पर-अदूरदर्शिता, स्वार्थ, उदासीनता, अन्धविश्वास, सावधानी नहीं रखना, लापरवाही, घृणा, क्रूरता, अवैध काम सम्बन्ध (Illegal Sex Relations)।

बहुत अधिक उठा होने पर-अस्वस्थ, असन्तुष्ट, व्यावहारिक दुनियाँ में असफल, वैराग्य, साधुओं, संन्यासियों की संगत में रहना पसन्द करने वाला, नशा करने का शौकीन। इसके साथ चन्द्र और बुध क्षेत्र भी अच्छे न हो तो वह झक्की,खब्ती, बहुत मूडी (Moody) तक हो सकता है।

3. सूर्य क्षेत्र (Mount of Sun)

बहुत अधिक उठा हुआ क्षेत्र-व्यक्ति को चिड़चिड़ा, क्रोधी, जल्दबाज, अभिमानी, तड़क-भड़क, दिखावे का शौकीन बनाता है। ऐसा व्यक्ति अपने अभिमान या स्वाभिमान के लिए सब कुछ बलिदान कर देगा।

बहुत अधिक दबा हुआ क्षेत्र-यश, सफलता तथा धन का अभाव, महत्त्वाकांक्षाओं को पूरा करने वाले उत्साह, तथा लगन की कमी। ऐसे व्यक्ति को कहीं कोई विशेष महत्त्व नहीं मिलेगा, जल्दी सन्तुष्ट होने वाला होगा। उसकी पत्नी उसके मन के विपरीत होती है।

श्रेष्ठ स्थिति-उचित रूप में उठा हुआ सूर्य पर्वत, अच्छी मस्तिष्क रेखा (Line of Mind) उच्च बुद्ध पर्वत, लम्बी अनामिका अँगुली जो अन्दर से गोल हो और जिसका पहला पर्व भी लम्बा हो, ऐसा व्यक्ति साहित्य व कला के क्षेत्र में सफलता तथा प्रसिद्धि पाता है। यदि ऐसे व्यक्ति के हाथ में अच्छी सूर्य रेखा तथा भाग्य रेखा हो तो सोने में सुहागा सिद्ध होता है। पाठक ध्यान दें कि उपर्युक्त विवरण से यह स्पष्ट हो जाता है कि सफलता यश तथा धनलाभ पाने के लिए सम्बन्धित सभी तत्त्वों का अच्छा होना आवश्यक है।

4. बुध क्षेत्र (Mount of Mercury)

बहुत अधिक उठा हुआ क्षेत्र-जातक इतनी तेजी से विचार और कार्य करेगा कि बनते काम भी बिगड़ जायेंगे। घूमने-फिरने तथा देश-विदेश घूमने के चक्कर में वह किसी एक स्थान, व्यापार या नौकरी पर जम नहीं पायेगा। उसके बोलने तथा वार्तालाप करने की रीति भी इतनी तीव्र होगी कि दूसरों पर गलत प्रभाव डालेगी। उसे जिगर, साँस तथा पैरों सम्बन्धी रोग सम्भव हैं।

बहुत अधिक दबा हुआ क्षेत्र-ऐसा व्यक्ति वार्तालाप करने, लेखन कार्य करने और सही रीति से विचार करने में सक्षम नहीं होगा। वह बकवासी व झूठा हो सकता है।

श्रेष्ठ स्थिति-बुध का मूल गुण आवागमन तथा विचारों तथा कार्यों में तीव्रता है। अत: उचित रूप से बढ़ा हुआ बुध पर्वत या क्षेत्र साथ में अच्छी बुध अँगुली (Little Finger) व्यक्ति को रेलवे, सड़क, वायु या समुद्र के यातायात, पोस्ट ऑफिस आदि में अच्छी नौकरी दिलवा सकती है। यदि बुध की अँगुली भी अच्छी हो, तो वह उपर्युक्त से सम्बन्धित व्यापारी, कमीशन एजेण्ट व ब्रोकर, अच्छा वकील, पत्रकार, प्रभावशाली नेता तथा लेखक भी हो सकता है। उसे पर्यटन (Tourism) के क्षेत्र में नौकरी अथवा व्यापार से भी लाभ सम्भव है। उसे ऐसे खेलकूदों में अच्छी ख्याति मिल सकती है जिनमें तेज दौड़ने या तीव्र रूप से कार्य करने की जरूरत पड़ती है।

5. मंगल का क्षेत्र (Mount of Mars)

बहुत अधिक बढ़ा हुआ क्षेत्र-ऐसा व्यक्ति झगड़ालू, क्रोधी, हिंसक प्रवृत्ति से ग्रस्त होगा। इन दुर्गुणों को अगर उसने वश में नहीं किया तो अपराधी बन जायेगा।

बहुत अधिक दबा हुआ क्षेत्र-साहस की पूरी तरह कमी, डरपोक, उत्साह तथा कर्म करने की शक्ति का अभाव प्रकट करता है। मंगल के बारे में हम पहले के पृष्ठों में विस्तार से दे चुके हैं।

6. चन्द्र क्षेत्र (Mount of Luna)

बहुत उठा हुआ चन्द्र क्षेत्र- ऐसा व्यक्ति हवाई कल्पनायें तो बहुत करता है पर उनके अनुसार कार्य करने में सुस्त होता है। पुरुष होने पर स्त्रियों के प्रति तथा स्त्री होने पर पुरुषों के प्रति प्रेम की अधिकता के कारण वे कुछ विशेष सफलता नहीं प्राप्त कर पाते। इसके साथ बुध व शनि भी खराब हो तो जातक प्रेम में पागल हो सकता है तथा आत्मघात भी कर सकता है। ऐसे व्यक्तियों को विज्ञान तथा गणित से अरुचि होती है।

बहुत दबा हुआ चन्द्र क्षेत्र- इससे गुरदे तथा मूत्र सम्बन्धी अनेक रोग, स्त्रियों को गर्भाशय के रोग, पुरुषों में वीर्य सम्बन्धी बीमारियाँ, विकृत कल्पनायें, भावुकता का अभाव तथा प्रेम के प्रति अनासक्ति हो सकती है।

7. शुक्र क्षेत्र (Mount of Venus)

बहुत दबा हुआ क्षेत्र- पुरुषतत्व की बहुत कमी, स्त्री में सन्तानोत्पत्ति क्षमता का अभाव, जीवन में उत्साह की कमी, विपरीत यौन की ओर कम आकर्षित होना दर्शाता है।

बहुत उठा हुआ क्षेत्र- अत्यधिक काम आकर्षण तथा शक्ति। जहाँ उचित रूप में अच्छा उठा हुआ क्षेत्र समन्वयता और सामाजिकता प्रकट करता है वही उसका अधिक बढ़ा होना व्यक्ति को लम्पट बना सकता है। वह अपने मन पर नियन्त्रण बहुत कम रख पाता है। बेहद आराम पसन्द होता है।

श्रेष्ठ स्थिति- चन्द्रमा तथा शुक्र का आपस में निकट सम्बन्ध है। उचित रूप में चन्द्रमा और शुक्र उठे हों, शनि क्षेत्र, भाग्य और सूर्य रेखा भी अच्छी हो और हाथ सूच्याकार (Conic Hand) हो तो उस व्यक्ति के प्रतिष्ठित एवं प्रसिद्ध कलाकार बनने की अच्छी सम्भावना होती है।

इस प्रकार हम देखते हैं कि किसी भविष्यवाणी को करने से पूर्व हमें हाथ के सभी अंगों, आकार, अँगुलियाँ, अँगूठा, पर्वत तथा हथेली की रेखाएँ और हथेली में बने बड़े त्रिकोण तथा चतुष्कोण का सूक्ष्म अध्ययन व विश्लेषण करने के बाद अपना निष्कर्ष बताना चाहिए। किन्हीं एक-दो लक्षणों को देखकर भविष्य बताना गलत है।

हाथ के दो प्रमुख भाग

मस्तिष्क रेखा (The Line of Head) द्वारा हाथ दो प्रमुख क्षेत्रों में बँट जाता है। ऊपरी क्षेत्र तथा निम्नक्षेत्र। ऊपरी क्षेत्र में अँगुलियाँ और बृहस्पति, शनि, सूर्य, बुध और मंगल के पर्वत आते हैं। इसमे ही हृदय रेखा आ जाती है अर्थात् मस्तिष्क रेखा से लेकर अँगुलियों के सिरे तक जो क्षेत्र होता है। इससे नीचे (मस्तिष्क रेखा से नीचे) का क्षेत्र निम्नक्षेत्र कहलाता है। इसे हम दैहिक क्षेत्र भी कह सकते हैं। यह मणिबन्ध तक जाता है।

मंगल का बड़ा त्रिकोण तथा चतुष्कोण एवं उसके फल

हथेली पर बनने वाला बड़ा त्रिकोण जिसे लोग मंगल का त्रिकोण (Triangle of Mars) या महान त्रिकोण कहते हैं, वह जीवन रेखा, मस्तिष्क रेखा व स्वास्थ्य रेखा से बनता है, इसे समझने के लिए चित्र संख्या-10 में रेखा अ-अ देखिए। यदि इस त्रिकोण को बनाने वाली स्वास्थ्य रेखा (Line of Health or Hepatica) नहीं हो तो अपनी गणना के लिए एक काल्पनिक रेखा बना लेनी चाहिए। वहाँ सूर्य रेखा होने पर आप उसे भी इस त्रिकोण का आधार बना सकते हैं। (चित्र संख्या-10(अ)-अ)।

सूर्य रेखा से बना त्रिकोण

यह सफलता और शक्ति का सबसे प्रभावशाली संकेत माना जाता है। लेकिन ऐसा त्रिकोण व्यक्ति को उतनी उदारता तथा विस्तृत विचारों वाला नहीं बनाता जितना कि स्वास्थ्य रेखा से निर्मित त्रिकोण बनाता है। स्वास्थ्य रेखा से बना यह त्रिकोण उस व्यक्ति को परिवार तथा समाज के लिए अपने हितों का बलिदान करने की आत्मशक्ति प्रदान करता है।

जब यह त्रिकोण छोटी-छोटी अस्पष्ट या लहरदार रेखाओं से बना हो तब व्यक्ति में कायरता, व उत्साह की कमी दिखाता है। ऐसा व्यक्ति सदैव बहुमत के साथ जाता है। भय या उदासीनता के कारण वह अपने सिद्धान्तों के विरुद्ध भी जा सकता है। सूर्य रेखा के आधार पर बना मंगल का त्रिकोण व्यक्ति में सफलता की सामर्थ्य को अभिव्यक्त करता है।

स्वास्थ्य और सूर्य रेखा अनुपस्थित होने पर जब उपर्युक्त विधि द्वारा आप त्रिकोण बनाने के लिए एक काल्पनिक रेखा बनाते हैं, तब यह त्रिकोण (स्थान दबा होने पर) खास महत्त्व नहीं रखता। लेकिन स्थान उभरा हुआ होने पर सन्तुलित और अच्छा फल बताता है।

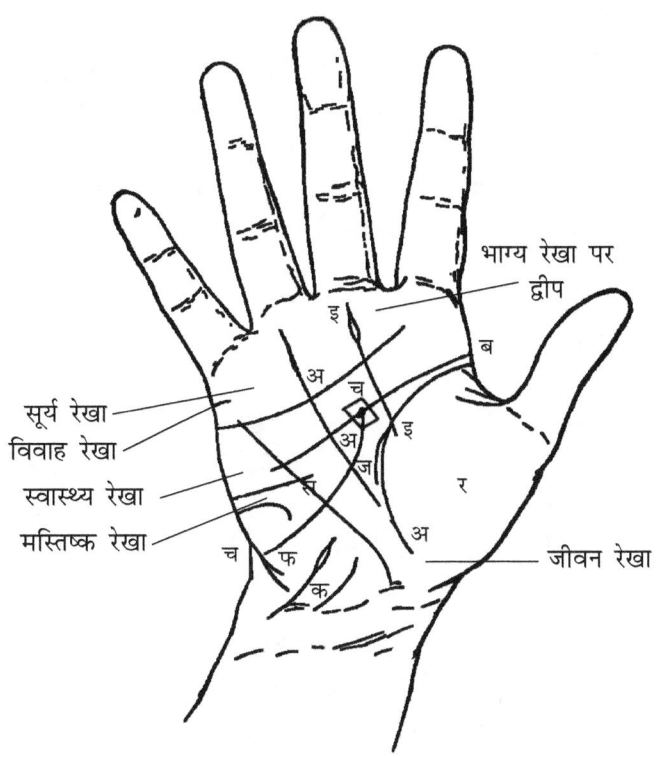

चित्र संख्या-10-अ

ऊपरी कोणः मंगल का बड़ा त्रिकोण का ऊपरी कोण

मस्तिष्क रेखा तथा जीवन रेखा से बनता है। (देखें चित्र सं. 10ब)। यह कोण स्पष्ट और नुकीला होने पर विचारों तथा मन की सुन्दरता और दूसरों के प्रति अच्छे दृष्टिकोण को प्रकट करता है। यह कोण भोथरा या अस्पष्ट होने पर जातक कला, कलात्मक व्यक्तियों, वस्तुओं की बहुत कम प्रशंसा करता है, उसमें वास्तविकताओं का सामना करने भर की बुद्धि होती है जिसमें भावनाओं या कोमलता अथवा शिष्टाचार की मात्रा बहुत कम होती है।

यह कोण अत्यधिक भोथरा या बड़ा होने पर मुँहफट, धैर्यहीन या रूखा व्यवहार, जल्दबाजी और दूसरों को लगातार भावात्मक चोट पहुँचाने वाला स्वभाव दर्शाता है।

नोट : हस्तरेखा शास्त्र में 'चित्र सं. 10ब' का अर्थ होता है कि चित्र 10 में ब रेखा या 'ब' लिखे स्थान को देखें। चित्र संख्या 10ब-ब के अर्थ हुए कि पाठक चित्र संख्या 10 में ब-ब रेखा को देखें। यदि केवल 'ब' लिखा है तो चित्र में जहाँ 'ब' लिखा है उस स्थान/रेखा को देखें। यह एक सामान्य नियम है।

मध्य कोण

यह मस्तिष्क रेखा (Line of Head/Mind) और स्वास्थ्य रेखा मिलने से बनता है (चित्र संख्या-10स) स्पष्ट बना होने पर यह बुद्धि की गतिशीलता, अच्छा स्वास्थ्य एवं जीवन्तता का द्योतक होता है। इसका बहुत नुकीला होना खराब स्वास्थ्य, अधीरता और घबड़ाहट (Nervousness) को दर्शाता है। विषम कोण बनाने पर बुद्धि का मन्द होना दिखाता है।

निचला कोण

जब यह स्वास्थ्य रेखा के जीवन रेखा में मिलने से बनता और बहुत नुकीला होता है ऊर्जा की क्षीणता और खराब स्वास्थ्य प्रकट करता है। विषम कोण बनने पर यह व्यक्ति का दृढ़ स्वभाव वाला बनाता है। सूर्य रेखा (Sun Line) द्वारा बनने वाला यह न्यून कोण होने पर व्यक्ति को एक विशेष व्यक्तित्व प्रदान करता है, परन्तु उसका दृष्टिकोण संकीर्ण होता है।, यदि यह विषम कोण (ObtuseAngle) बने तो व्यक्ति उदार तथा ऊँचे दृष्टिकोण का होता है।

चतुष्कोण (Quadrangle)

यह हृदय और मस्तिष्क की रेखाओं के बीच में स्थित होता है। (चित्र-10) इसके एक ओर भाग्यरेखा (Line of Fate) अथवा बृहस्पति की ओर जाने वाली रेखाएँ तथा दूसरी ओर सूर्य अथवा स्वास्थ्य रेखा हो सकती है। इसे दोनों ओर से चौड़ा, सम (बीच में पतला न होना) चिकना और मस्तिष्क तथा हृदय रेखा में से निकलती रेखाओं द्वारा कटा हुआ नहीं होना चाहिए। ऐसी स्थिति मानसिक सन्तुलन और मित्रों तथा सम्बन्धियों के प्रति अच्छे व्यवहार की द्योतक होती है। इस स्थान का अधिक संकरा (Narrow) होना पारम्परिक धर्म और नैतिकता के प्रति कट्टरता, विचारों का छोटा होना तथा संकीर्ण दृष्टिकोण प्रकट करती है। इसके विपरीत मध्यवर्ती इस स्थान का अधिक चौड़ा होना व्यक्ति को धर्म व नैतिकता के ऐसे उदार विचार रखने वाला बनाती है जिनसे उसका अपना लाभ हो।

मध्य का यह स्थान कमर जैसा पतला दिखायी देने पर व्यक्ति को अपने स्वार्थ पर अधिक ध्यान देने वाला और पूर्वाग्रह तथा पक्षपात से पूर्ण बना देता है। जब सूर्य के नीचे वाला स्थान शनि के नीचे वाला स्थान से कम चौड़ा हो तो जातक को अपने नाम, यश, पोजीशन या प्रतिष्ठा (Reputation) की अधिक चिन्ता नहीं होती। इसके विपरीत होने पर फल भी विपरीत होता है और जातक अपनी रेपुटेशन और दूसरों के मतों (Opinions) के प्रति जरूरत से ज्यादा परेशान रहता है।

जब चतुष्कोण (Quadrangle) अपनी पूरी लम्बाई में असामान्य (Abnormally) रूप से चौड़ा होता है, यह विचारों और भावों के प्रति लापरवाही, मन की उच्छृंखला तथा परम्पराओं से रहित एवं विवेकरहित (Impudent) मानसिक स्थिति दिखाता है।

चतुष्कोण का चिकना होना, बीच में रेखाओं से रहित या बहुत कम होना, शान्त स्वभाव का द्योतक है। छोटी-छोटी रेखाओं से भरा, क्रॉसों (Crosses) या कटवा (X) निशानों से भरा बेचैनी (Restlessness) और जल्दी क्रोधित हो जाने वाला (Irritable) स्वभाव बताता है।

अध्याय-५

हाथ की मुख्य रेखाएँ

एक संक्षिप्त परिचय

1. जीवन रेखा (The Line of Life) 2. मंगल रेखा (The Line of Mars)
3. जिगर रेखा/विद्या रेखा (The Line of Health or Hepatica)
4. मस्तिष्क रेखा/शीर्ष रेखा (The Line of Head)
5. हृदय रेखा (The Line of Heart) 6. भाग्यरेखा (The Line of Fate)
7. सूर्य रेखा (The Line of Sun) 8. शुक्र मेखला (The Girdle of Venus)
9. काम रेखा (The Line of Sex) 10. अतीन्द्रिय ज्ञान रेखा (The Line of Intuition)
11. बृहस्पति मेखला/सोलोमन की अँगूठी
12. विवाह रेखा (The Line of Marriage) 13. सन्तान रेखाएँ (The Line of Children)
14. शनि की अँगूठी (The Ring of Saturn)
15. यात्राएँ/विदेश यात्रा रेखाएँ (Travels, Voyages)
16. तीन मणिबन्ध (The Three Bracelets)

हाथ की मुख्य रेखाओं का संक्षिप्त विवरण

स्वस्थ मस्तिष्क, हृदय और जीवन इन तीन तत्त्वों के बिना हम अपने शरीर में नहीं रह सकते। अतः इन तीन रेखाओं-मस्तिष्क रेखा, हृदय रेखा और जीवन रेखा को सबसे अधिक महत्त्वपूर्ण कहा जाता है। जीवन को मंगल रेखा दोहरी शक्ति प्रदान करती है। भाग्यरेखा और सूर्य रेखा दोनों उसके भावी जीवन के बारे में बताती है। इसके साथ-साथ स्वास्थ्य रेखा व्यक्ति के स्वस्थ तथा अस्वस्थ रहने की सूचना देती है। स्वास्थ्य ही सबसे मूल्यवान सम्पत्ति है, इसलिए उसका भी एक महत्त्वपूर्ण स्थान माना गया है। आइए! हम सबसे पहली नजर सबसे महत्त्वपूर्ण रेखा जीवन रेखा पर डालें क्योंकि जीवन है तभी सब कुछ है। भविष्य के रहस्य जीवन रेखा से ही ज्ञात होते हैं।

1. जीवन रेखा (Line of Life)

इसे अँग्रेजी में (Vital) वाइटॅल अर्थात् प्राणाधार भी कहते हैं। प्रायः यह अँगूठे और तर्जनी (Index Finger) के मध्य से शुरू होकर शुक्र क्षेत्र को घेरती हुई मणिबन्ध

तक या उसके पास अधिक या कम मार्ग घेर सकती है। यदि यह अपना पूरा मार्ग घेरती है और स्पष्ट है तो व्यक्ति दीर्घ जीवन का स्वामी होता है। छोटी या टूटी रेखा जीवन के लिए संकट का संकेत है (चित्र संख्या-11)।

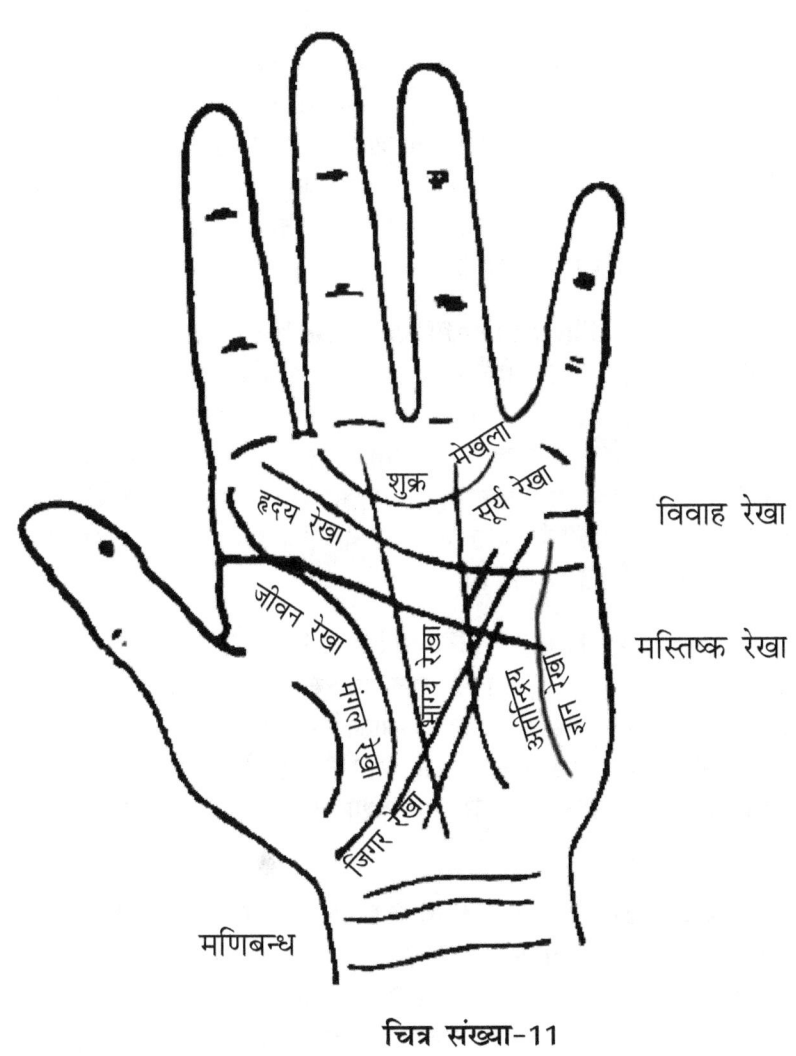

चित्र संख्या-11

हाथ की मुख्य रेखाएँ

2. मंगल रेखा (Line of Mars)

यह रेखा शुक्र क्षेत्र पर जीवन रेखा के पीछे होती है। यह धनुषाकार या सीधी हो सकती है तथा जीवनरेखा के समीप अथवा दूर हो सकती है। मंगल रेखा जीवन रेखा की क्षति या कमजोरी को दूर करती है।

3. जिगर रेखा (The Line of Health or Hepatica) या स्वास्थ्य रेखा

इसे बुध रेखा (Line of Mercury) भी कहा जाता है। यह हाथ में बुध क्षेत्र से शुरू होकर जीवन रेखा के नीचे तक जाती है। कभी-कभी यह बीच में टूटी हुई होती है और कभी पूरी। पूरी रेखा बेहतर मानी जाती है। स्वास्थ्य के लिए सबसे अच्छा फल तब होता है, जब यह हाथ में नहीं हो। यह जातक के स्वास्थ्य के बारे में बताती है। कुछ हस्तरेखा शास्त्री इसे यकृत (जिगर) की स्वस्थ या अस्वस्थ स्थिति बतलाने वाली रेखा मानते है।

4. मस्तिष्क रेखा (The Line of Head/The Natural or Cerebral)

कुछ पॉमिस्ट (Palmist) इसे शीर्ष रेखा/मस्तक रेखा/बुद्धि रेखा भी कहते है। यह प्रायः जीवन रेखा शुरू होने के स्थान के ऊपर से निकलकर कनिष्ठिका अँगुली (Little Finger) के नीचे तक जाती है। यह कुछ हाथों में जीवन रेखा से जुड़ी होती है और कुछ में नहीं। इसकी शुरुआत भी थोड़ा भिन्न-भिन्न स्थानों से हो सकती है। कुछ में यह लम्बी, कुछ में छोटी या नीचे झुकी होती है। यह मानसिक शक्तियों को प्रतिबिम्बित करती है।

5. हृदय रेखा (The Line of Heart/The Mensal)

यह रेखा शनि या बृहस्पति क्षेत्र से शुरू होकर बुध क्षेत्र के अन्त तक जाती है। यह इन क्षेत्रों के मध्य से या कुछ गोलाई लेकर उनके ऊपरी भाग से भी प्रारम्भ हो सकती है। कुछ लोग इससे आयु निकालते हैं। यह व्यक्ति के प्रेम या प्रणय सम्बन्धों, भावनाओं और भावावेशों तथा हृदय सम्बन्धी स्वास्थ्य को प्रकट करती है।

6. भाग्य रेखा (The Line of Fate/The Line of Destiny/Saturnian)

इसे 'शनि रेखा' भी कहा जाता है क्योंकि प्रायः यह हथेली के मूल से निकलकर शनि पर्वत तक जाती है। इसका प्रारम्भ अन्य स्थानों जैसे जीवन रेखा के अन्दर से या चन्द्र क्षेत्र आदि से भी हो सकता है। कभी-कभी यह पूरी नहीं होती न सीधी ही। इसे कुछ पॉमिस्ट (Palmist) धन रेखा मानते हैं क्योंकि यह जातक की आर्थिक स्थिति, कैरियर, व्यवसाय आदि को बनाती है।

7. सूर्य रेखा (The Line of Sun/Apollo/The Line of Brilliancy)

इसकी शुरुआत हथेली के मूल से होना चाहिए और सूर्य पर्वत तक पहुँचना चाहिए। परन्तु अधिकतर ऐसा नहीं पाया जाता। प्राय: यह मस्तिष्क रेखा से कुछ नीचे से या मस्तिष्क रेखा से निकलती हुई सूर्य क्षेत्र तक पहुँचती है। यह अन्य स्थानों जैसे मंगल के क्षेत्र, जीवन रेखा, चन्द्र पर्वत या हृदय रेखा से भी शुरू हो सकती है। इसे सफलता, यश तथा कलात्मक अभिरुचि को प्रकट करने वाली रेखा माना जाता है।

8. शुक्र मेखला (The Girdle of Venus)

यह रेखा शनि क्षेत्र और सूर्य क्षेत्र को एक मेखला या चन्द्राकार रूप में जोड़ती है। यह सभी हाथों में नहीं पायी जाती। यह रेखा छोटी और टूटी हुई हो सकती है। यह जातक को मानसिक रूप से अत्यधिक संवेदनशील और मूडी (Moody) बनाती है। यह तनाव (Tension), हिस्टीरिया तथा जल्दी निराश और बुरा मान जाने की प्रवृत्ति प्रकट करती है, विशेष रूप से जब शुक्र मेखला टूटी हुई हो। मोटे और चौड़े हाथों में यह कामुकता की अधिकता दर्शाती है। शेष सभी हाथों में यह इस बात की सूचक है कि व्यक्ति की मनोदशा (Mood) जल्दी-जल्दी बदलने वाली है और वह किसी भाव (Emotion) के आने पर उसकी सर्वोच्च भावदशा में पहुँच जाता है। अगर यह रेखा विवाह रेखा के सम्पर्क में आ जाये तो वैवाहिक जीवन की खुशी को कम कर देती है। लेकिन अच्छी मस्तिष्क रेखा और इच्छाशक्ति व विवेक प्रकट करने वाला अँगूठा इसके बुरे प्रभावों को कम कर देता है।

9. काम रेखा (The Line of Sex)

यह हथेली में जिगर रेखा से कुछ दूर होती है और मस्तिष्क रेखा तक जाती है। यह सभी हाथों में नहीं होती। इस रेखा द्वारा व्यक्ति के काम आवेगों और प्रणय सम्बन्धों (Sex Relations) की जानकारी होती है। काम रेखा को स्वास्थ्य रेखा की भगिनी रेखा (Sister Line) भी कहा जाता है। जब यह रेखा जीवन रेखा को काटती हुई शुक्र पर्वत पर पहुँच रही हो तब यह जातक की आयु को कम कर देती है। यह रेखा व्यक्ति में अधिक कामुकता होना बताती है।

10. अतीन्द्रिय ज्ञान रेखा (The Line of Intuition)

यह व्यक्ति में अतीन्द्रिय ज्ञान जैसे भविष्य देखना, पूर्व जीवन का ज्ञान होना, दूर स्थित व्यक्ति या स्थान का दर्शन करना आदि की शक्तियाँ बताती है। यह बहुत कम हाथों में पायी जाती है। यह रेखा चन्द्र क्षेत्र के निम्न भाग से शुरू होकर अर्द्धचन्द्र के आकार से कुछ-कुछ मिलती हुई हृदय रेखा के आगे तक या मस्तिष्क रेखा और हृदय रेखा के बीच तक जाती है।

11. बृहस्पति मेखला (Ring of Solomon) रिंग ऑफ सोलोमन या सोलोमन की अँगूठी

यह पूरी मेखला बहुत ही कम लोगों मे पायी जाती है। यह बृहस्पति और शनि की अँगुलियों के बीच से निकलकर पूरे बृहस्पति क्षेत्र को घेर लेती है। इस रेखा वाला व्यक्ति किसी एक गुप्त विद्या या अध्यात्म विद्या का पण्डित होता है।

12. विवाह रेखा (The Line of Marriage)

यह कनिष्ठिका अँगुली के नीचे होती हैं जो हथेली की तरफ से आती है। यह एक से अधिक भी हो सकती है।

13. सन्तान रेखाएँ (The Lines of Children)

पश्चिमी विद्वानों के अनुसार ये रेखाएँ विवाह रेखा पर छोटी-छोटी और पतली खड़ी रेखाएँ होती हैं। भारतीय हस्तरेखा शास्त्रियों के मतानुसार ये रेखाएँ शुक्र क्षेत्र के निचले हिस्से में होती हैं जो हाथ के पिछले भाग की ओर जाती हैं। ये कुछ लम्बी, समानान्तर और स्पष्ट होती हैं।

14. शनि की अँगूठी (The Ring of Saturn)

यह अशुभ रेखा है, जो बहुत कम हाथों में पायी जाती है। यह अर्द्धचन्द्राकार रूप में शनि क्षेत्र को घेरे रहती है। बृहस्पति और शनि क्षेत्र के बीच से निकलकर शनि तथा सूर्य की अँगुली के बीच तक जाती है। यह व्यक्ति पर शनि के प्रभाव को बताती है। शनि की अँगूठी वाले जातक अच्छी और बड़ी योजनाएँ बना सकते हैं परन्तु इनमें अपने लक्ष्य की प्राप्ति में बराबर लगे रहने की क्षमता नहीं होती अत: सफलता नहीं मिलती। अच्छी मस्तिष्क रेखा हो या व्यक्ति साधना द्वारा अपने में शान्तिपूर्वक लक्ष्य पर लगे रहने की इच्छाशक्ति जागृत कर सके तो शनि की अँगूठी सफलता का प्रतीक बन सकती है।

15. यात्राएँ विदेश यात्रा रेखाएँ (The Lines of Travels & Voyages)

ये रेखाएँ मणिबन्ध से चन्द्र क्षेत्र से और जीवन रेखा से निकलती हैं।

16. तीन मणिबन्ध (The Three Bracelets)

ये हथेली के अन्त में कलाई पर होती हैं। ये एक से लेकर चार तक हो सकती हैं। हथेली के सबसे निकट वाला मणिबन्ध प्रथम मणिबन्ध कहलाता है। इन रेखाओं से यात्राओं, धन और सत्ता की प्राप्ति आदि का ज्ञान होता है। प्रथम मणिबन्ध पर बड़ा द्वीप या मेहराब होना व्यक्ति में (स्त्री-पुरुष दोनों में) सन्तानोत्पत्ति शक्ति की कमी या काम अंगों तथा सन्तानोत्पत्ति के अंगों में कमजोरी और रोग प्रकट करता है। जब तीन मणिबन्ध स्पष्ट और भली प्रकार बने हों तो वे अच्छे

स्वास्थ्य, दृढ़ इच्छाशक्ति और सफलता के सूचक होते हैं। हाथ में अन्य रेखाएँ (भाग्यरेखा, सूर्य रेखा) शुभ होने पर ऐसे जातक उचित धन-सम्पत्ति और सत्ता के अधिकारी बनते हैं। यदि मणिबन्ध जंजीरदार हो, अस्पष्ट हो या उस पर अशुभ चिह्न हो तो वह हानिकारक होता है।

टिप्पणी

हाथ में जो भी रेखा स्पष्ट होती है उसका कुछ न कुछ प्रभाव भाग्य पर अवश्य पड़ता है। लेकिन कुछ ऐसी रेखाएँ होती हैं जो कम हाथों में पायी जाती हैं, जैसे शुक्र मेखला (The Girdle of Venus), काम रेखा (The Line of Sex), अतीन्द्रिय ज्ञान रेखा (The Line of Intuition), सोलोमॅन की अँगूठी (Ring of Solomon), शनि की अँगूठी (Ring of Saturn), अत: इन्हें कुछ पॉमिस्ट हाथ की प्रमुख रेखाओं में नहीं गिनते।

इन सभी रेखाओं पर प्रकाश डालने से पूर्व हम रेखाओं या हाथ के अन्य क्षेत्रों में पाये जाने वाले विभिन्न चिह्नों तथा उनके फलों तथा रेखाओं के गुण-दोषों के बारे में चर्चा करेंगे ताकि हस्तरेखाओं का सही तथा पूर्ण अर्थ जानने में सुविधा हो।

अध्याय-६

रेखाओं के प्रकार तथा शुभ-अशुभ फल

हथेली की रेखाएँ स्पष्ट होनी चाहिए, उनका रंग गुलाबी अथवा हल्का रक्ताभ होना चाहिए। टूटा होना, हल्का होना या दीप होना और सभी प्रकार की अनियमितताओं से रहित होना, ठीक होता है। जब रेखाएँ बहुत ज्यादा लाल हों (रक्त वर्ण) तो उनसे क्रोधी स्वभाव का संकेत मिलता है पर ऐसे लोगों में अधिक ऊर्जा होती है। रेखाएँ पीली होने पर पित्त प्रकृति और ज़िगर सम्बन्धी शिकायतों की सूचना देती हैं। यह अधिकतर उदासीनता वाला स्वभाव होने के कारण होता है। अत्यधिक पीली रेखाएँ बल की कमी और ऊर्जा के कम होते जाने या दुर्बल स्वास्थ्य का संकेत होती हैं।

1. द्विशाखी रेखाएँ- ऐसी रेखाएँ आमतौर पर अच्छी समझी जाती है और विशेष संकेत की गुणवत्ता को बढ़ा देती हैं। मस्तिष्क रेखा के अन्तिम सिरे पर दो शाखा में बँटने से दोहरी मानसिकता होती है। ऐसा व्यक्ति दो प्रकार के काम भलीप्रकार कर सकता है पर उनमें से किसी एक का पूरा मास्टर नहीं बन सकता (चित्र संख्या-12)।

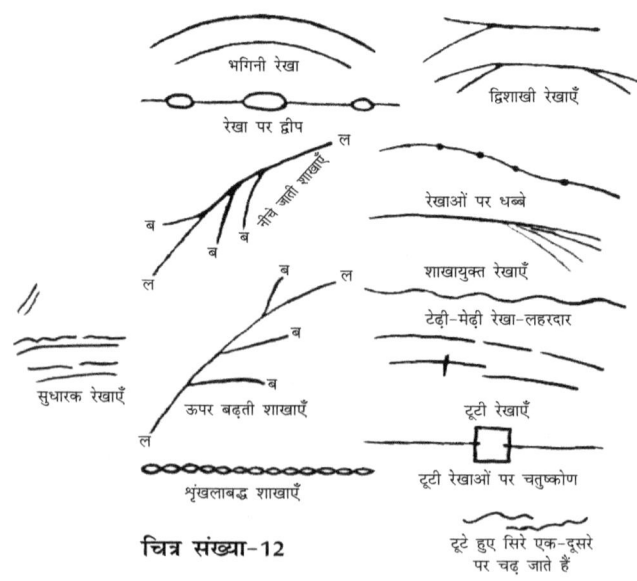

चित्र संख्या-12

2. रेखा पर दाग या धब्बा- रेखा का असर कम हो जाता है। उसका विकास रुक जाता है। जीवन रेखा पर दाग रोग सूचक है (चित्र संख्या-12-1)।

3. शाखाएँ- जब कोई रेखा एक या दो अथवा अनेक रेखाओं में फूटती हो और फूटती हुई रेखाएँ अलग-अलग आगे बढ़ती हैं तो वे मुख्य रेखा की शाखाएँ (Branches) कहलाती हैं। जब वे हाथ के नीचे की ओर जाती हैं तो उन्हें उतरती शाखाएँ और ग्रह क्षेत्र की ओर ऊपर जाती रेखाओं को चढ़ती शाखाएँ कहते हैं। यदि कोई एक शाखा अपने मार्ग पर बढ़ती है तथा दूसरी छोटी, अच्छी व पतली रेखा मुख्य रेखा से निकलती है तो उस रेखा को मुख्य रेखा का 'अंकुर' कहते हैं। जब कोई रेखा प्रारम्भ या अन्त में दो शाखाओं में बँट जाती है तो उसे 'काँटा' कहते हैं। यदि यही काँटा लम्बा हो, तो उसे शाखा कहा जाता है। अंकुर या शाखा ग्रह क्षेत्र तक पहुँचने पर मुख्य रेखा को प्रभावी बनाते हैं।

4. सूक्ष्म रेखाएँ- ये बाल की भाँति पतली होती हैं। यदि ये सूक्ष्म रेखाएँ मुख्य रेखा के साथ नीचे की तरफ (कलाई की ओर) जायें तो मुख्य रेखा पर उनका खराब प्रभाव पड़ता है अर्थात् मुख्य रेखा का असर कम हो जाता है। यदि ये ऊपर की ओर जाती हैं तो मुख्य रेखा का असर अच्छा पड़ता है। इन्हें प्रभावी रेखाएँ भी कहते हैं। समतल रेखाएँ एक समान चौड़ाई व गहराई की रेखा, जो बीच में टूटी नहीं हो, अच्छी रेखा समझी जाती है।

5. सहयोगी या सुधारक रेखाएँ- जब कोई खास रेखा टूटी हुई हो और उसके टूटे हुए हिस्से को समान अन्तर से चलने वाली रेखा भर दे तो उसे सुधारक या सहयोगी रेखा समझना चाहिए। इसे भगिनी (Sister Line) रेखा भी कहते हैं।

6. पतली या मोटी रेखाएँ- रेखाएँ पतली या मोटी हो सकती हैं परन्तु उनका स्पष्ट होना आवश्यक है।

7. लहराती या सर्पाकार रेखाएँ- जब रेखा लहर की भाँति ऊपर-नीचे उठती-गिरती हो, उसे लहरदार या सर्पाकार कहते हैं।

8. स्पष्ट तथा गहरी रेखाएँ- शक्ति तथा दृढ़ता प्रकट करती हैं।

9. हल्की चौड़ी रेखाएँ- शारीरिक तथा मानसिक शक्तियों की कमजोरी बताती हैं।

यदि कोई रेखा कहीं गहरी, कहीं हल्की या मार्ग में कट जाये तो वह जहाँ तक गहरी है वहाँ पर अपना असर डालेगी, हल्की होने पर उसका असर कम हो जायेगा और कटने पर रुक जायेगा। अगर पुन: गहरी हो जाये तो असर फिर शुरू हो जायेगा।

रेखा का टूट जाना

इसे रेखा खण्डित होना भी कहते हैं। इससे यह समझा जाता है कि रेखा से प्रकट होने वाले विषय पर खराब असर पड़ेगा। लेकिन निम्नलिखित स्थितियों में इसका खराब असर बहुत कम हो जायेगा (अ) यदि पास की समानान्तर रेखा उस कटाव को भर दे। (ब) अगर टूटी हुई रेखा पर कोई चतुष्कोण हो। (स) जब रेखा के दोनो टूटे हुए सिरे एक दूसरे पर चढ़ जाते हैं। (द) यदि रेखा टूटी हुई है तथा उसके सिरे अपने उद्‌गम की दिशा में हुक का निशान बना रहे हैं तो यह अनिष्ट सूचक चिह्न माना जाता है परन्तु चतुष्कोण या भगिनी रेखा इस अनिष्ट को काफी हद तक बचा देते हैं।

श्रृंखलाबद्ध या जंजीरदार रेखा

यह कई जोड़ो के मिलने से जंजीर की तरह दिखती है। यह बल तथा उद्‌देश्य की निश्चितता की कमी दर्शाती हैं जो अशुभ संकेत कहा जाता है।

जीवन रेखा का जंजीरदार होना-लम्बी बीमारी।

मस्तिष्क रेखा का जंजीरदार होना-बुद्धि की अस्थिरता, कभी यह कार्य कभी वह कार्य, इच्छाशक्ति की कमी।

हृदय रेखा का श्रृंखलाबद्ध होना-चुलबुलापन, प्रेम में असफलता और दु:ख।

भाग्य रेखा का श्रृंखलाबद्ध होना-नौकरी अथवा व्यापार में सफलता का अभाव होना।

फुँदनी

किसी रेखा के अन्त में कई रेखाएँ गुच्छे की तरह निकलती हों तो उसे 'रेखा फुँदनी में खत्म हुई' ऐसा मानते हैं। यह शक्तियों के बिखराव और भ्रष्ट आचरण को प्रकट करती है। चतुष्कोण द्वारा फुँदनी के अनिष्ट को दूर किया माना जाता है, यदि वह फुँदनी को घेरे हुए हो।

दो रेखाएँ

किसी व्यक्ति में मस्तिष्क रेखा अथवा भाग्य रेखा दो भी हो सकती हैं। इन्हें भगिनी रेखा (Sister Line) से अधिक शक्तिदायक कहा जाता है।

अध्याय-७

हाथ के विशेष चिह्न

1. सितारा (Star)

यह एक शुभ चिह्न है। यदि जातक की जीवन रेखा भाग्यरेखा, सूर्य, मस्तिष्क व हृदय रेखाएँ भी अच्छी हों, तो उसके भाग्य में सितारा जुड़ने से नयी चमक आ जाती है। इसकी प्रमुख स्थितियाँ दो हैं। पहली पर्वत के ठीक ऊपर और दूसरी पर्वत के दायें, बायें, नीचे या अँगुली के पास।

दूसरी स्थिति में व्यक्ति स्वयं उतनी उन्नति व ख्याति तो नहीं पाता, परन्तु अपने-अपने क्षेत्र में सफलता तथा ख्याति पाने वाले सर्वोच्च व्यक्तियों से मिलता एवं उनके सम्पर्क में आता है। इससे उस व्यक्ति की सत्ता तथा शक्ति में भी वृद्धि होती है। (सभी चिह्नों के लिए चित्र संख्या-13)।

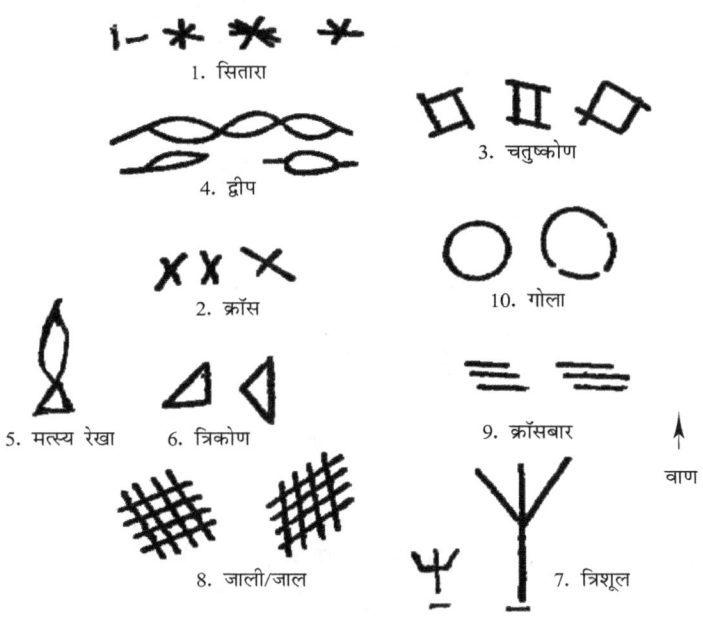

प्रतीक चिह्न चित्र संख्या-13

बृहस्पति पर्वत (Mount of Jupiter) पर सितारा या तारा महान शक्ति, सम्मान तथा पद दिलाता है। (चित्र संख्या-14व)।

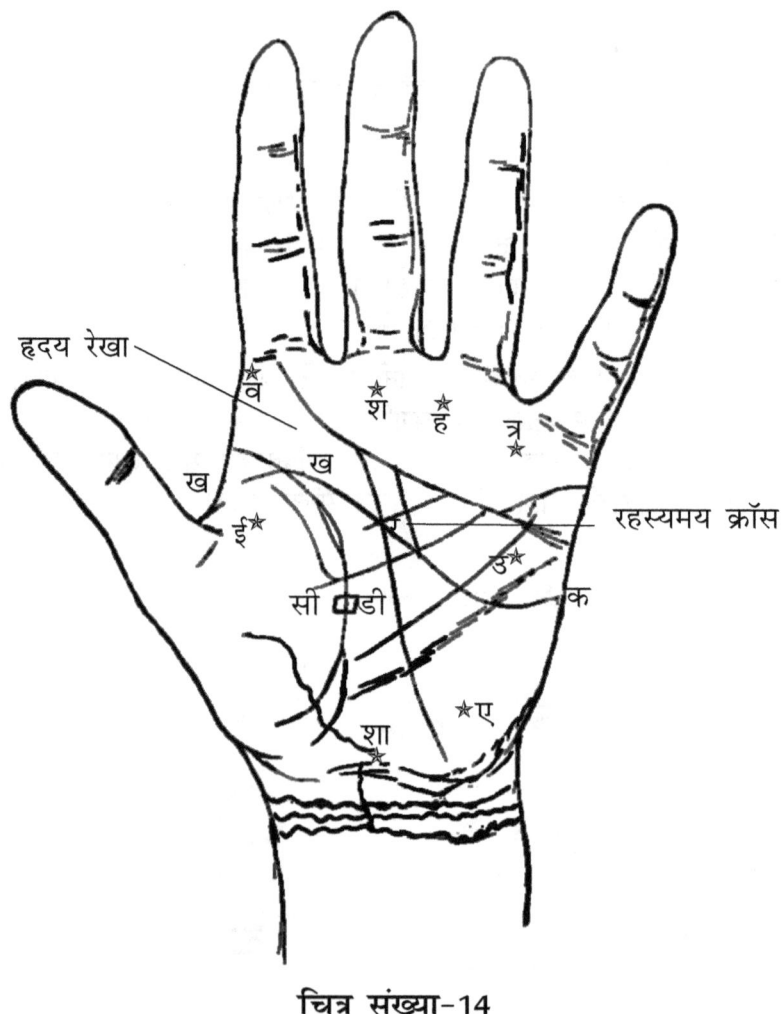

चित्र संख्या-14

शनि पर्वत (Mount of Saturn) पर तारा भयानक, भाग्यवादी पर सफल तथा प्रसिद्ध व्यक्ति का द्योतक है, जो महान नायक या खलनायक बन सकता है। उसका अन्त प्राय: दुखद होता है परन्तु यश दिलाता है। (चित्र संख्या-14श)।

सूर्य पर्वत पर सितारा: व्यक्ति को उच्च पद, प्रसिद्धि तथा धन प्रदान करता है परन्तु इसके बदले में उसकी मानसिक शान्ति, खुशी, सन्तोष और कभी-कभी स्वास्थ्य भी छिन जाता है। सूर्य रेखा के अन्त में या उससे बना तारा परिश्रम से अर्जित अच्छी प्रसिद्धि देता है जो अधिकतर कला के क्षेत्र में मिलती है (चित्र संख्या-14ह)।

बुध पर्वत पर तारा: व्यक्ति को विज्ञान, व्यापार अथवा भाषण या वार्तालाप की कला के द्वारा धन तथा यश प्रदान करता है (चित्र संख्या-14त्र)।

मंगल पर्वत पर तारा: बुध के नीचे वाले स्थान पर स्थित मंगल (मंगल का ऊपरी क्षेत्र) पर तारा जातक को परिश्रम तथा धैर्य से प्राप्त होने वाली कामयाबी और शोहरत देता है। बृहस्पति क्षेत्र के नीचे स्थित (मंगल का निचला क्षेत्र) मंगल पर बना तारा व्यक्ति को किसी युद्ध या बड़े संघर्ष में विजयी बनाकर यश दिलाता है (चित्र संख्या-14इ)।

शुक्र पर्वत पर तारा: व्यक्ति को प्रेम, प्रणय और वासनापूर्ण सम्बन्धों में बहुत सफल बनाता है। यदि तारा शुक्र पर्वत के किनारे पर हो तो व्यक्ति प्रेम सम्बन्धों में विशिष्ट स्थान रखने वालों के साथ प्रणय सम्बन्ध बनाता है (चित्र संख्या-14शा)।

चन्द्र पर्वत पर तारा: जातक अपनी कल्पनात्मक शक्तियों तथा शुक्र के गुणों के बल पर अच्छी सफलता तथा यश प्राप्त करता है। (चित्र संख्या-14ए) लेकिन इस क्षेत्र में मस्तिष्क रेखा आ जाये और वह तारे में खत्म हो तो वह व्यक्ति के लिए घातक होता है। ऐसा व्यक्ति पागल या आत्मघाती हो सकता है।

अँगूठे व अँगुलियों के प्रथम पोरे पर स्थित तारा इस बात का शुभ संकेत है कि व्यक्ति जो भी कार्य दिल से करेगा उसमें सफलता तथा यश पायेगा। इसके अलावा अन्य स्थानों पर तारा रोग, शोक या अपयश का कारण बनता है। तारे (Star) के सम्बन्ध में हाथ की अन्य विशेषताओं व रेखाओं को ध्यान में रखते हुए भविष्य बताना होता है। इस मूल सिद्धान्त का प्रत्येक चिह्न का भाग्यफल बताते समय ध्यान रखें।

2. क्रॉस (Cross)

यह कुछ स्थानों को छोड़, शेष स्थानों पर अशुभ माना जाता है। यह चिह्न कष्ट, निराशा तथा खतरे का संकेत देता है। बृहस्पति पर्वत पर स्थित क्रॉस सूचित करता है कि व्यक्ति के जीवन में कम से कम एक बार महान प्रेम का अनुभव आयेगा। ऐसा विशेष रूप से उस स्थिति में अवश्य होता है जब भाग्य रेखा

चन्द्रपर्वत से उदय हो रही हो। बृहस्पति पर्वत (Mount of Jupiter) के आधार स्थान पर क्रॉस होने पर ऐसा प्रेम वृद्धावस्था में, बृहस्पति पर्वत के केन्द्र पर क्रॉस होने पर यह प्रेम अधेड़ावस्था में तथा जीवनरेखा की शुरुआत के निकट क्रॉस होने पर यौवनारम्भ काल में ऐसा प्रेम सम्बन्ध होगा।

शनि पर्वत पर, क्रॉस जब भाग्य रेखा को स्पर्श करता हो तो यह दुर्घटना से होने वाली मृत्यु का संकेत हो सकता है। लेकिन यह स्वतन्त्र रूप से होने पर हानिकारक भाग्यवादी मानसिकता प्रकट करता है। सूर्य पर्वत पर क्रॉस धन हानि तथा कला क्षेत्र में असफलता तथा बदनामी देता है।

बुध क्षेत्र पर बना क्रॉस बेईमानी और दोहरा चरित्र होना प्रकट करता है। बुध क्षेत्र के नीचे स्थित मंगल पर्वत पर क्रॉस जातक के शत्रुओं द्वारा घातक विरोध या आक्रमण दर्शाता है। बृहस्पति क्षेत्र के नीचे स्थित मंगल पर्वत पर क्रॉस बड़े लड़ाई-झगड़ों, हिंसा और यहाँ तक कि मृत्यु तक का द्योतक हो सकता है। चन्द्र पर्वत पर क्रॉस मस्तिष्क रेखा के नीचे हो, तो ऐसा जातक अपनी कल्पना द्वारा अपने तक को धोखा देता है। शुक्र पर्वत पर गहरा बना क्रॉस प्रेम में बड़ी असफलता का संकेत देता है। लेकिन जब यह क्रॉस बहुत छोटा तथा जीवनरेखा के निकट होता हो, जातक का अपने नजदीकी रिश्तेदारों के साथ लड़ाई-झगड़ा होना प्रकट करता है। जब यह भाग्य रेखा की बगल में या भाग्य रेखा और जीवन रेखा के बीच में, मंगल क्षेत्र में हो तो रिश्तेदारों से विरोध के कारण भाग्य परिवर्तन दर्शाता है। चन्द्रपर्वत के पास बना क्रॉस यात्रा में निराशा, मस्तिष्क रेखा पर उसको छूता हुआ क्रॉस दुर्घटना के कारण सिर में चोट लगना, सूर्यरेखा के समीप बना प्रतिष्ठा में हानि, भाग्य रेखा में धनहानि, हृदय रेखा पर किसी प्रिय व्यक्ति की मृत्यु का संकेत करता है। मंगलपर्वत पर क्रॉस युद्ध में वीरगति का सूचक है।

3. चतुष्कोण

यह चिह्न 'रक्षा कवच' का फलदाता है और हर प्रकार की विपत्ति से रक्षा करने वाला माना जाता है। जीवन रेखा पर बीमारी, दुर्घटना आदि से रक्षा करता है। भाग्य रेखा पर दुर्भाग्य से, सूर्य रेखा पर अपयश (बदनामी) से तथा मस्तिष्क रेखा पर दुर्घटना व रोगों से, हृदय रेखा पर हृदय की कमजोरी, रोगों तथा भावनात्मक आवेगों से रक्षा करता है। इसका वर्णन भिन्न-भिन्न रेखाओं के साथ किया जायेगा। भिन्न-भिन्न ग्रह क्षेत्रों पर चतुष्कोण उन ग्रहों के बुरे प्रभावों से रक्षा करता है। अत: यह एक शुभ चिह्न है (चित्र संख्या-12)। जीवन रेखा के अन्दर बने चतुष्कोण मुकदमें के प्रतीक होते हैं। इनका फल भाग्य रेखा तथा सूर्य रेखा के अनुसार होगा।

4. द्वीप (Island)

यह एक अशुभ चिह्न है जो दो रेखाओं के आपस में मिलने से बनता है जैसाकि चित्र संख्या 12 में दिखाया गया है। यह सीधी, तिरछी, आड़ी किसी भी प्रकार की रेखा पर हो सकता है। इसके हानिकारक प्रभावों के बारे में आगे मुख्य रेखाओं के विवरण के साथ प्रकाश डालेंगे। प्राय: यह रोग व दु:ख प्रकट करता है।

5. मछली या मत्स्य रेखा (Fish)

भारतीय हस्तसामुद्रिक के अनुसार यह एक शुभ चिह्न माना जाता है। इस चिह्न में एक लम्बे 'द्वीप'(Island) के अन्त में त्रिकोण जुड़ा रहता है। इसका अर्थ यह होता है कि आने वाली समस्या, कठिनाई या विपत्ति अन्त में लाभदायक सिद्ध होगी तथा दु:ख का परिवर्तन किसी प्रकार की सुख-सुविधा या शक्ति में बदल जायेगा। प्राय: ऐसे व्यक्ति बहुत उदार और दानी होते हैं। मत्स्य रेखा कम हाथों में पायी जाती है।

6. त्रिकोण (Triangle)

तीन रेखाओं से बनने वाला त्रिकोण जितना स्पष्ट होगा उतना ही शुभ प्रभाव देगा। त्रिकोण जिस ग्रह क्षेत्र या रेखा पर होता है, उसके अच्छे असर को बढ़ा देता है। उदाहरणार्थ सूर्य क्षेत्र में स्थित त्रिकोण व्यक्ति को सफलता तथा यश पाने के बाद भी अहंकारी नहीं बनने देता। वह अपनी कलात्मक क्षमता का व्यावहारिक उपयोग करता है। इसी प्रकार भाग्य रेखा पर त्रिकोण होने से वह धन-सम्पत्ति की वृद्धि का सूचक होता है। यह चिह्न व्यक्ति में ऐसे गुणों का विकास करता है जिससे वह संकट में भी सफलता प्राप्त कर लेता है। शनि पर्वत या क्षेत्र पर त्रिकोण आध्यात्मिक व रहस्यपूर्ण विधाओं जैसे सम्मोहन, ध्यान, तन्त्र शक्ति में रुचि व उनमें सफलता देता है। शुक्र पर्वत पर यह जातक को प्रणय सम्बधों में व्यावहारिक तथा परिस्थितियों के अनुसार बदल जाने की शक्ति रखने वाला बनाता है।

7. त्रिशूल (Trident) या वाण की नोक

यह भी शुभ चिह्न हैं। यह जिस भी पर्वत (Mount) या रेखा पर स्थित होता है उसकी सफलता को निश्चित बनाता है। रेखा के ऊपरी भाग पर होने से इसके प्रभाव अधिक अच्छे होते हैं। उदाहरण के लिए सूर्य रेखा या भाग्य रेखा पर होने से उनके असर में बढ़ोत्तरी कर देता है।

8. जाली (Grill)

यह अशुभ चिह्न है। जब तीन-चार पतली-पतली रेखाएँ अन्य उतनी ही या उससे अधिक रेखाओं द्वारा कटती हैं तो उसे 'जाल' या 'जाली' कहते हैं। बृहस्पति पर्वत पर स्थित जाल जातक को अधिक अहंकारी बनाता है, सूर्य पर्वत पर यह चिह्न मूर्खता देता है, शनि पर्वत पर दुर्भाग्य और दु:खी रहने का स्वभाव बनाता है, बुध पर्वत पर सिद्धान्तहीन स्वार्थी, चन्द्र पर्वत पर अशान्ति, बेचैनी, मानसिक रोग तथा असन्तोष देता है, शुक्र पर्वत पर सनकी होने की आदत देता है।

9. क्रास बार (Cross Bar)

ये रेखाएँ बहुत अशुभ समझी जाती हैं। जैसा कि चित्र 13 में दिखाया गया है यह समानान्तर दूरी से जाने वाली पड़ी रेखाएँ होती हैं। इनके द्वारा प्रकट होने वाला खराब असर जाली (Grill) से भी ज्यादा हानिकर होता है। ये कार्य में बाधायें पड़ने का सूचक है।

10. गोला (Circle)

सूर्य पर्वत ही एकमात्र स्थान हैं जहाँ गोला जातक को कामयाबी और प्रसिद्ध देता है। इसके अतिरिक्त अन्य सभी पर्वतों, क्षेत्रों या रेखाओं पर होने से गोला दुर्भाग्य के चक्कर का प्रतीक है। यह जिस रेखा को छूता है वह उस काल तक दुर्भाग्य से घिरी रहती है जिस काल तक गोला उसे स्पर्श करता रहता है। चन्द्र पर्वत पर 'गोला' जल में डूबने की सम्भावना बनाता है। शनि पर्वत पर बना गोला (Circle) जातक को अधेड़ावस्था में दुर्भाग्य के चक्कर में डाल देता है और वह उसी में घूमता रहता है। इसके प्रभाव से बचने का एक ही उपाय है कि जातक अपने आपको योग साधना, मन्त्र जाप, तथा आत्म संयम द्वारा शान्त तथा व्यावहारिक बनाये।

टिप्पणी

इन प्रतीक चिह्नों को कम महत्त्वपूर्ण इसलिए कहा जाता है कि ये कुछ सीमा तक ही प्रभाव डालते हैं। ये मुख्य रेखा के प्रभाव को घटा-बढ़ा सकते हैं। इनके अच्छे और बुरे प्रभावों की शक्ति हाथ के प्रकार, रेखा की स्पष्टता, पर्वत का दबा या उठा होने पर निर्भर करती है।

रहस्यमय क्रॉस (La Croix Mystique)

यह मंगल क्षेत्र के चतुष्कोण में हृदय रेखा और मस्तिष्क रेखा के मध्य में पाया जाता है। (चित्र संख्या-14र) यह भाग्य रेखा और मस्तिष्क रेखा से हृदय रेखा की ओर जाने वाली रेखा से बना हो सकता है। यह रहस्यमय क्रॉस जातक में आध्यात्मिकता, रहस्य के प्रति प्रेम, अन्धविश्वास या परामानसिक विद्याओं

की साधना का द्योतक है। इसके फल का पता लगाने के लिए मस्तिष्क रेखा पर पहले ध्यान देना आवश्यक है। यदि मस्तिष्क रेखा छोटी है और यह क्रॉस उसके ऊपर बना है तो जातक को यह घोर अन्धविश्वासी बनायेगा। इससे उसका अधिक अहित भी सम्भव है। परन्तु अगर रहस्यात्मक बड़ा त्रिकोण अपनी स्वतन्त्र सत्ता रखता है और मस्तिष्क रेखा लम्बी है तो यह जातक को गुप्त आध्यात्मिक विद्याओं का साधक बना सकती है। भाग्य और सूर्य रेखा अच्छी होने पर उसे अपनी इस विद्या द्वारा पर्याप्त धन तथा यश मिलेगा। इसके साथ बृहस्पति मुद्रा (Ring of Solomon) होने पर जातक विश्वप्रसिद्ध बन सकता है। विश्वविख्यात महान् हस्तरेखा शास्त्री 'कीरो' के हाथ में भी बृहस्पति मुद्रा पूरी थी और ऊपरी मस्तिष्क रेखा उसके दाहिने हाथ में 30 वर्ष की आयु में स्पष्ट दृष्टिगोचर हुई थी। इसी आयु में उसे विश्वभर में ख्याति मिली थी। अत: यह निश्चित रूप से कहा जा सकता है कि रहस्यमय क्रॉस की उपर्युक्त प्रकार की सही स्थिति वाले व्यक्ति को ज्योतिष, हस्तरेखा शास्त्र, योग, सम्मोहन, रेकी आध्यात्मिक स्पर्श चिकित्सा, मन्त्रशक्ति जैसी साधना पद्धतियों में आगे बढ़ने का प्रयत्न करना चाहिए।

लेकिन जब रहस्यमय क्रॉस (La Croix Mystique) बृहस्पति की ओर या उसके नीचे हो, जातक को अपने जीवन के आध्यात्मिक रहस्यों के बारे में ज्ञान पाने में विश्वास होगा परन्तु दूसरों के बारे में नहीं।

जब यह चिह्न मस्तिष्क रेखा की तुलना में हृदय रेखा से अधिक सम्बन्धित होता है, मस्तिष्क रेखा के ऊपर बीच में है और यह रेखा नीचे की ओर पैना मोड़ लेती है, व्यक्ति हानिकर स्तर तक अत्यधिक अन्धविश्वासी होता है। जब रहस्यमय क्रॉस भाग्य रेखा को स्पर्श करता है या भाग्यरेखा से किसी प्रकार सम्बन्धित है तो जातक का पूरा जीवन रहस्यमय पराविद्याओं से प्रभावित होगा। यह कम हाथों में पाया जाता है।

अध्याय-८

आपका जीवन और आपका स्वास्थ्य

जीवन रेखा (The Line of Life)

प्राय: अधिकांश हाथों में जीवन रेखा पायी जाती है, यह बात अलग है कि कुछ हाथों में वह बहुत छोटी होती है। यदि किसी हाथ में जीवन रेखा नहीं है तो इसे अपवाद (Exception) ही कहा जायेगा। ऐसा व्यक्ति अपनी स्नायविक शक्तियों तथा हृदयशक्ति से ही जीवन ज्योति को जलाये रखने वाला माना जायेगा। उसका हाथ कठोर तथा मोटी हथेली वाला होगा। उसके जीवन के बारे में जानने के लिए हृदय रेखा, मस्तिष्क रेखा, स्वास्थ्य रेखा, हाथ का प्रकार आदि को ही आधार बनाना होगा।

अब हम एक बहुत व्यावहारिक प्रश्न पर आते है-पॉमिस्ट से मिलते ही लोग पहला प्रश्न यही पूछते हैं कि मेरा स्वास्थ्य कैसा रहेगा या क्या मैं पूर्ण स्वस्थ हूँ? अथवा मैं कितने वर्ष जिऊँगा? अन्तिम प्रश्न का उत्तर हम अन्त में खोजेंगे। पहले, यह बात एक बार फिर से समझ लें कि हस्तरेखा शास्त्र में हमें प्रत्येक रेखा, पर्वत, हाथ का प्रकार, विशेष चिह्न, अँगुलियाँ, अँगूठा, नाखून आदि का निरीक्षण करने के बाद उत्तर देना चाहिए। ज्योतिष में जिस प्रकार कुण्डली में ग्रहों की स्थिति, राशि आदि देखने के बाद उत्तर देते हैं, उसी प्रकार हाथ में उपर्युक्त का निरीक्षण करके निष्कर्ष निकाला जाता है।

जीवन है तभी हम स्वास्थ्य के बारे में जानना चाहते हैं, अर्थात् जीवन सबसे प्रमुख है। इसी आधार पर हम कह सकते हैं कि 'जीवन रेखा' सबसे प्रमुख रेखा है जो जातक के जीवन के बारे में हमें सबसे अधिक ज्ञान देती है। इसीलिए कुछ विद्वान 'जीवन रेखा' को 'आयुरेखा' भी मानते हैं।

जीवन रेखा वह रेखा है जो अँगूठे के आधार के पास से (बृहस्पति पर्वत के नीचे से) आरम्भ होती है तथा शुक्र पर्वत को घेरती हुई नीचे तक जाती है (चित्र संख्या-11)। अच्छे स्वास्थ्य तथा जीवन के लिए प्रथम आवश्यकता यह है कि जीवन रेखा कुछ कठोर, हल्के से खुरदुरे, और लचीले हाथ में स्पष्ट, लम्बी, पतली तथा बिना किसी अशुभ चिह्न के पूरी हो। इससे शरीर की मजबूती, आरोग्य और जीवनशक्ति का संकेत मिलता है। जीवन रेखा हथेली की त्वचा

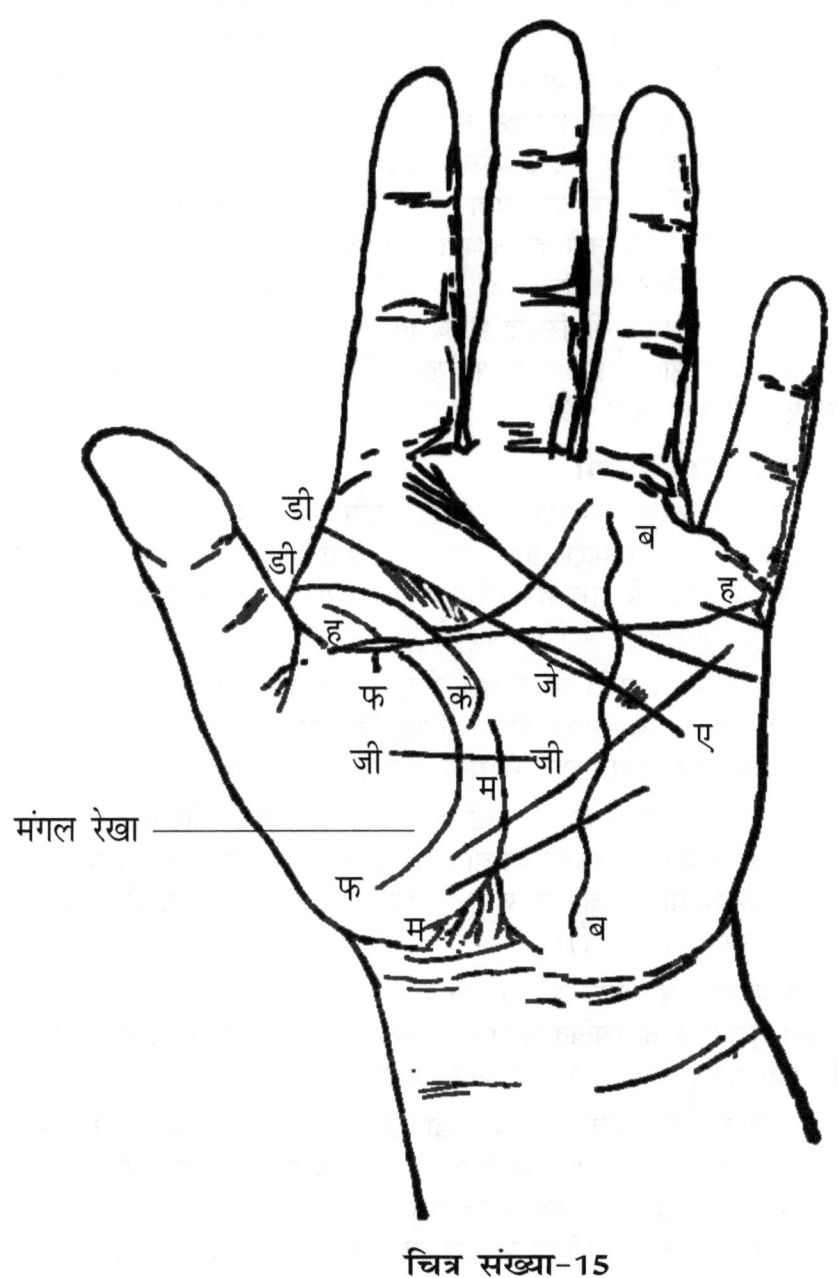

चित्र संख्या-15

के नीचे से जाने वाली एक रक्त नलिका पर स्थित होती है। यह रक्त नलिका दिल, पेट और शरीर के अन्य महत्त्वपूर्ण अंगों से जुड़ी होती है। अत: अच्छी स्थिति की जीवन रेखा से अच्छी पाचन शक्ति का भी ज्ञान होता है। गुलाबी रंग की जीवन रेखा अच्छे स्वास्थ्य को दर्शाती है। यदि अच्छी जीवन रेखा के साथ मस्तिष्क रेखा, हृदय रेखा अच्छी हों, अँगूठे तथा अँगुलियों, नाखूनों पर कोई हानिकारक चिह्न नहीं हों, जीवन रेखा के पीछे उचित दूरी पर पूरी मंगल रेखा हो, स्वास्थ्य रेखा नहीं हो अथवा टूटी या जंजीरदार न होकर सीधी हो, जहाँ वह जीवन रेखा से मिल रही हो वहाँ जीवन रेखा उससे अधिक स्पष्ट और शक्तिशाली हो, ऐसी स्थिति में जातक जीवन भर स्वस्थ रहेगा और पूरी आयु पायेगा। (मंगल रेखा, स्वास्थ्य रेखा, अँगूठे तथा नाखूनों के बारे में हम इससे पूर्व भी बता चुके हैं)।

जीवन रेखा का प्रारम्भ

जीवन रेखा से व्यक्ति का बचपन से ही आत्म संयमी व अहंकारी होना तथा ऊँची आकांक्षाएँ रखने वाला प्रकट होता है अगर वह अपने सामान्य क्षेत्र के बजाय बृहस्पति क्षेत्र से शुरू हो। (देखें चित्र संख्या-17स) मस्तिष्क रेखा अच्छी होने पर ऐसे लोग उच्च पदों पर पहुँचते हैं।

हथेली में मंगल पर्वत के निचले क्षेत्र से शुरू होने वाली जीवन रेखा यह दिखाती है कि व्यक्ति अपनी भावनाओं पर नियन्त्रण नहीं रख पाता। ऐसा युवा अपनी शिक्षा या कैरियर बनाने में सोच-विचार नहीं करता।

मस्तिष्क रेखा से हल्की-सी जुड़ी होने पर व्यक्ति तर्क और बुद्धि से निर्णय लेने वाला तथा अपने से सम्बन्धित बातों या चीजों में बहुत संवेदनशील या भावुक होता है और किसी भी क्षेत्र में जोखिम उठाने में बहुत सावधानी से काम लेता है। (चित्र संख्या-16अ-अ)।

जब जीवन रेखा अँगूठे की जड़ से शुरू होती है और शुक्र पर्वत को संकरा या छोटा बनाती है तो व्यक्ति में पौरुष शक्ति का अभाव होता है। प्राय: सन्तान नहीं होती। प्रणय सम्बन्धों में भी आवेग कम होगा।

जब जीवन रेखा और मस्तिष्क रेखा के बीच मध्यम प्रकार की दूरी होती है, व्यक्ति अपनी योजनाओं तथा कार्यों में अधिक स्वतन्त्र और जोखिम उठाने वाले स्वभाव का होता है। यह प्रगति पथ पर आगे बढ़ते जाने की मानसिकता को भी प्रकट करता है। लेकिन यह दूरी या अलगाव अधिक होने पर जातक में आत्मविश्वास की अति अधिकता बताती है जो हानिकारक सिद्ध हो सकती है। (चित्र संख्या-15डी-डी)।

जीवन रेखा तथा मस्तिष्क रेखा का हथेली की आधी दूरी तक एक-दूसरे से लिपटे रहना यह सूचित करता है कि जातक आवश्यकता से अधिक संवेदनशील और उच्च स्नायविक (Nervousness) शिकायत से ग्रस्त है।

बहुत पतली तथा कमजोर जीवन रेखा व्यक्ति को अत्यधिक चिन्ता करके अपना स्वास्थ्य बिगाड़ लेने वाला बनाती है। ऐसे लोग जीवन की सच्चाइयों का सामना करने से कतराते हैं, डरपोक तथा जल्दी परेशान हो जाने वाले होते हैं।

जीवन रेखा की शुरुआत में ही स्पष्ट रूप से बना द्वीप जातक के जन्म से सम्बन्धित कोई रहस्य होने का संकेत देता है।

यदि जीवन रेखा, हृदय रेखा तथा मस्तिष्क रेखा शुरुआत में ही परस्पर जुड़ी होती हैं तो यह संकेत करती हैं कि जातक अपने स्वभाव में दोष होने के कारण खतरों तथा आपदाओं की ओर आँखे मूँदकर भागता है। यह एक विध्वंसकारी तथा दुर्भाग्यशाली संकेत है (चित्र संख्या-16अ-अ)।

जब जीवन रेखा छोटे-छोटे टुकड़ों से मिलकर एक जंजीर के रूप में होती है, यह खराब स्वास्थ्य की निशानी है। हाथ मुलायम होने पर स्वास्थ्य को अधिक खतरा है। लेकिन रेखा थोड़ी दूर चलकर पुनः एक रूप में आ जाती हो तो जातक फिर से स्वास्थ्य लाभ कर लेता है। रेखा की शुरुआत में या जिस स्थान पर रेखा जंजीरदार होगी वह रोग का संकेत देगी। जीवन रेखा का बायें हाथ में टूटा होना और दाहिने में जुड़ा होना घातक रोग का संकेत है। लेकिन दोनों हाथों में जीवन रेखा का एक ही काल खण्ड में टूटा होना मृत्यु का शोक सन्देश देता है। जब टूटी रेखा की एक शाखा शुक्र क्षेत्र की ओर मुड़ जाये तो इसे निश्चित समझे। लेकिन यदि जीवन रेखा के पीछे स्थित मंगल रेखा उस स्थान पर पूरी हो तो व्यक्ति जीवन पर आये संकट से बच जायेगा। (चित्र संख्या-15-फ-फ)।

यहाँ मैं एक तथ्य की ओर विशेष ध्यान आकर्षित करना चाहूँगा कि जो लोग अपने सभी कार्य बायें (Left) हाथ से करते हैं, उनके दोनों हाथों की रेखाओं आदि पर समान रूप से ध्यान देना चाहिए। कारण यह कि बायाँ हाथ पूरी तरह कार्यशील होने के फलस्वरूप दाहिने हाथ में प्रकट होने वाले फलों को प्रतिबिम्बित करने लगता है। ऐसी स्थिति में, यदि बायें हाथ में जीवन रेखा टूटी हो और दाहिने हाथ में जुड़ी तो घातक रोग की सम्भावना अधिक होती है। अन्य विषयों में भी बायें हाथ से कार्य करने वाले के बायें हाथ के चिह्नों तथा रेखाओं को दाहिने हाथ की तुलना में अधिक महत्त्व देना चाहिए।

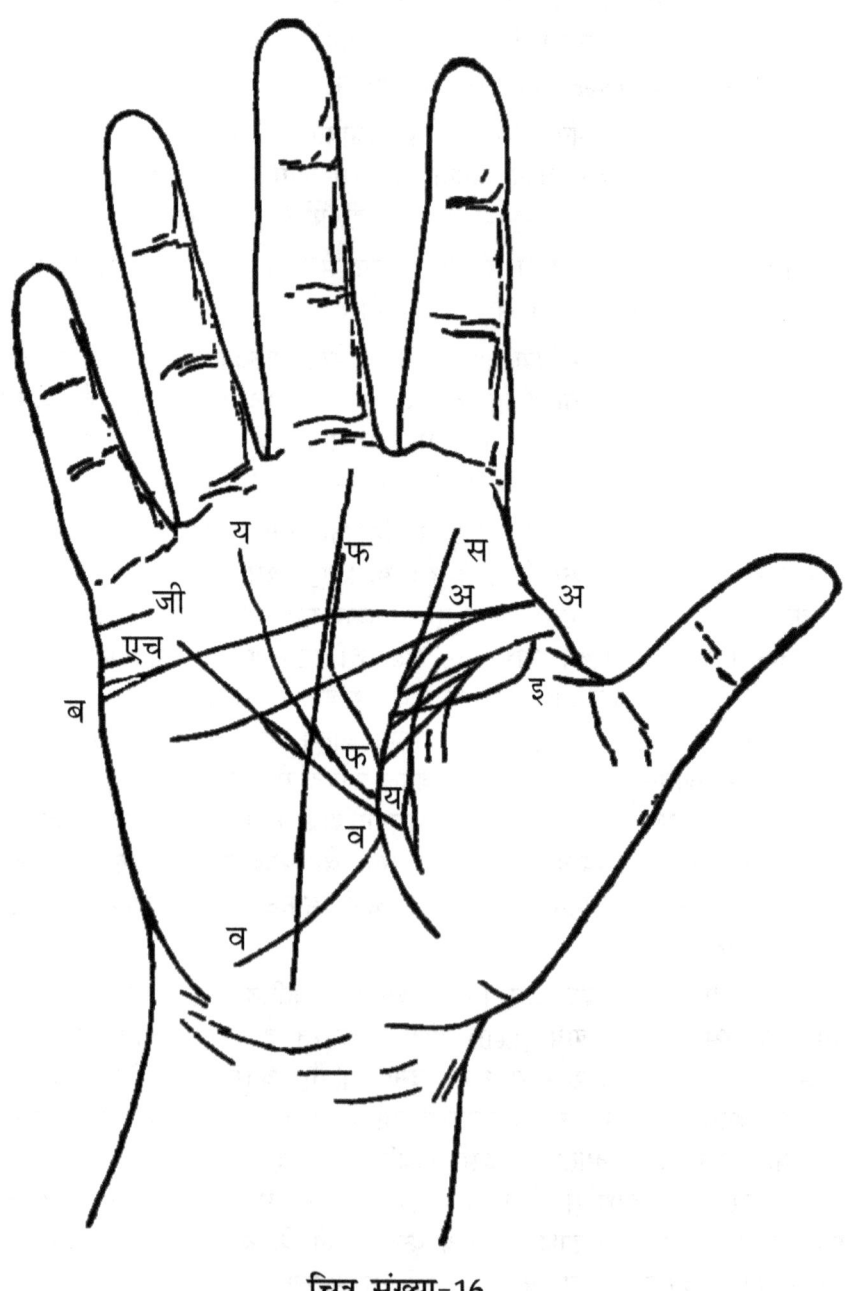

चित्र संख्या-16

यदि जीवन रेखा की शुरुआत में जंजीर हो, अस्पष्टता हो या हल्की हो तो जातक को बाल्यावस्था के उस काल में रोग का आक्रमण होता है। जैसे ही रेखा अपने उचित रूप में आयेगी रोग समाप्त हो जायेगा।

एक सामान्य नियम यह है कि रेखाओं का टूटना अथवा उन पर क्रॉस, द्वीप आदि अशुभ चिह्न पड़ना उस काल खण्ड में रोग, दुर्घटना या शोक बताते हैं, कितने समय तक उनका प्रभाव रहेगा तथा वे मारक होंगे या नहीं ये बातें भी प्रकट करते हैं। घातक या मारक होने पर वे जीवन रेखा के अतिरिक्त अन्य रेखाओं पर भी अपनी छाप छोड़ते हैं जिन्हें स्पष्ट रूप में देखा जा सकता है। उस काल खण्ड या समय की अवधि को जानने के लिए आपको आयु का पता लगाना होता है जो आप इसी अध्याय के अन्त में पढ़ेंगे।

अशुभ चिह्न के आकार-प्रकार तथा रेखा की क्षीणता अथवा दोष की लम्बाई के अनुसार यह सब ज्ञात किया जाता है। जीवन रेखा के भंग होने की स्थितियाँ उस पर क्रॉस, द्वीप, उसके जुड़ाव शरीर के अंगों को प्रभावित करते हैं, अत: इसको प्रकट करने वाले संकेत अन्य रेखाओं तथा विशेष रूप से हृदय तथा मस्तिष्क रेखा पर भी देखे जा सकते हैं।

जीवन रेखा तथा मंगल रेखा

जीवन रेखा के पीछे पायी जाने वाली मंगल रेखा उच्च जीवन शक्ति का संकेत करती है। यह प्राय: बहुत स्वस्थ व्यक्तियों में पायी जाती है। ऐसे व्यक्ति उच्चकोटि के व्यवसायी होते हैं। ऐसे व्यक्तियों का मंगल भी शुभ हो तो वे महान् सेनापति बनते हैं। उदाहरण के लिए फ्रांस के सुप्रसिद्ध जनरल और बाद में सम्राट् बन जाने वाल नेपोलियन बोनापार्ट के हाथों में दोनों विशेषताएँ थीं।

लेकिन मंगल रेखा का जीवन रेखा के बहुत करीब होना यह सिद्ध करता है कि व्यक्ति बहुत से झगड़ों, विवादों और मुकदमों में फँसा रहेगा।

जीवन रेखा को दोहराने वाली यह विशिष्ट मंगलरेखा अपने पूरे रूप में स्पष्टता के साथ उन लोगों के हाथों में पायी जाती है जिन्होंने अत्यन्त प्रभावशाली स्थिति प्राप्त कर ली है या भविष्य में करेंगे। पतले तथा संकरे हाथों में मंगलरेखा का उतना शुभ प्रभाव नहीं होता जितना चौड़े वर्गाकार तथा मजबूत हाथों में। यह रेखा व्यक्ति की जीवनरेखा के कमजोर होने या टूटने की स्थिति में अपनी उच्च जीवनशक्ति के सहारे सभी विरोधी स्थितियों में उसकी सहायता करती है। परन्तु ऐसा व्यक्ति स्वभाव से चिड़चिड़ा, मित्रों, पड़ोसियों तथा पत्नी से झगड़ा करने वाला बन जाता है। उम्र बढ़ने के साथ उसके स्वभाव में कड़वाहट बढ़ती जाती है।

कोमल तथा थलथले या ढीले हाथ में जब मंगल रेखा से एक बड़ी शाखा फूटकर चन्द्र पर्वत के आधार तक जाती हो तो यह मानसिक रूप से बेचैनी, नशाखोरी या ड्रग्स लेने का लक्षण बताती है। ऐसे व्यक्ति को शुरू से ही सब प्रकार के नशों से सावधान तथा दूर रहना जरूरी है वरना उसे अपने जीवन से भी हाथ धोना पड़ता है।

मंगल रेखा सभी प्रकार के हाथों में कमजोर या टूटी जीवन रेखा को जीवनी शक्ति देती है। अत: इसे दूसरी जीवन रेखा या सहायक जीवन रेखा कहना अनुचित नहीं।

जीवन रेखा की अन्य विशेषताएँ: मंगलरेखा या सहायक जीवन रेखा का महत्त्व जानने के बाद आइए अब फिर जीवन रेखा की यात्रा पर आगे बढ़ें!

- जब जीवन रेखा हाथ के बीच में बँट जाती है और उसकी एक रेखा चन्द्रपर्वत के आधार को पार कर जाती है तो यह अच्छे बने कठोर हाथ में लम्बी यात्राएँ या विदेश यात्राएँ करने की बलवती इच्छा की पूर्ति का संकेत देती है। लेकिन जातक का हाथ नरम, थुलथुला और मस्तिष्क रेखा ढालूदार होने पर यह इच्छा पूरी नहीं होती। विदेश यात्रा पर जाने के बजाय वह दुर्व्यसन में पड़ सकता है। (चित्र संख्या-16व-व)।

- जब छोटी-छोटी बाल जैसी बारीक रेखाएँ जीवन रेखा से नीचे निकल रही हों या जीवन रेखा को पकड़े हुए हों तो यह शारीरिक कमजोरी या रोग होने का लक्षण होता है। (चित्र संख्या-15म-म)।

- वे सभी रेखाएँ जो जीवन रेखा से निकलकर ऊपर की ओर जाती हैं, वे सफलता, लाभ और शक्ति वृद्धि का लक्षण होती है।

- गहरी जीवन रेखा तनाव या बीमारी से मुक्त होने में मदद करती है, जबकि चौड़ी जीवन रेखा प्रतिरोधक शक्ति की कमी बताती है।

- जीवन रेखा से निकलकर बृहस्पति पर्वत (Mount of Jupiter) पर जाने वाली रेखा व्यक्ति के पद, प्रतिष्ठा या लाभ में उन्नति बनाती है, यह उस समय बिन्दु पर होगा जब वह रेखा जीवन रेखा से निकल रही होगी। यह लाभ विशेष रूप से व्यक्ति की किसी महत्त्वाकांक्षा की पूर्ति के रूप में होता है।

- जब कोई रेखा जीवन रेखा से निकलकर या उसके पास से ऊपर की ओर सूर्य पर्वत के आधार तक जाती हो तो इससे यह प्रकट होता है कि व्यक्ति महत्त्वाकांक्षी है। यदि मस्तिष्क रेखा सीधी हो तो ऐसी जीवन रेखा का धारक अपने नियम स्वयं बनाता है और सफल होता है।

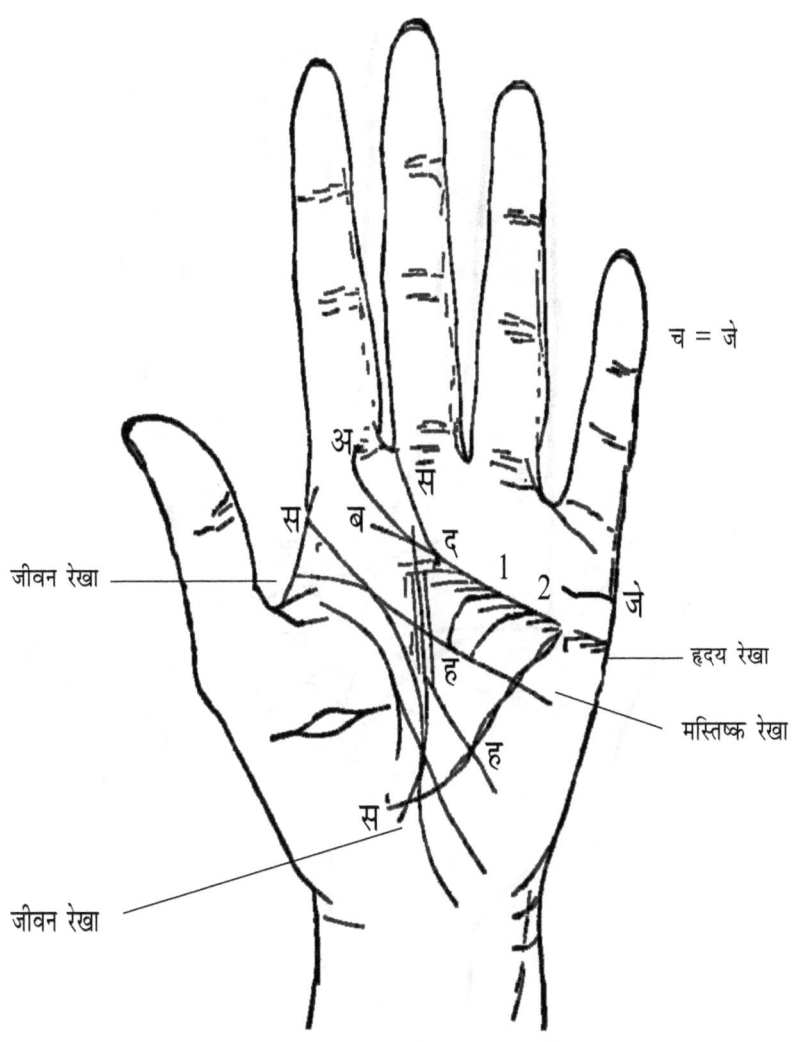

चित्र संख्या-17

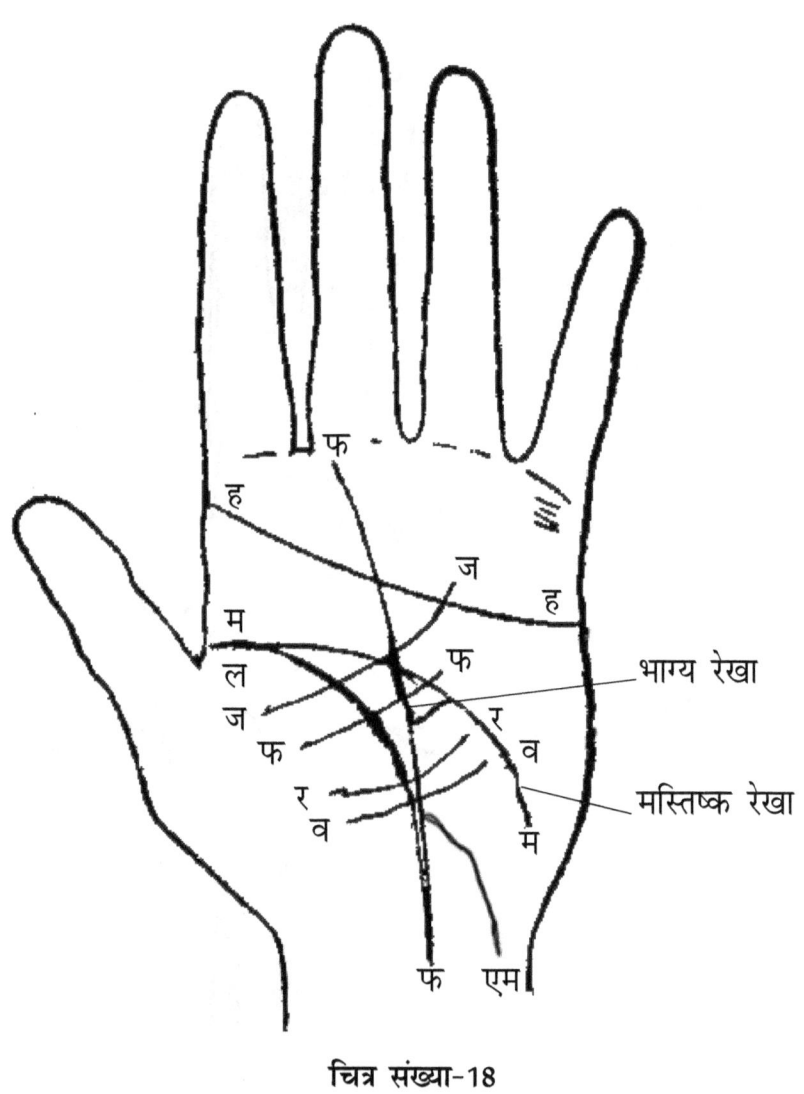

चित्र संख्या-18

(चित्र संख्या-16य-य)। महिला के हाथ में उपर्युक्त लक्षण हो परन्तु मस्तिष्क रेखा कमजोर हो तो वह बेहद क्रोधी और हुक्म चलाने वाली होती है।

❋ जब कोई रेखा जीवन रेखा के साथ थोड़ी दूर तक मिली हुई हो फिर उससे निकलकर भाग्य रेखा के साथ चलती हुई शनि पर्वत पर पहुँच रही हो तो वह जातक द्वारा किये गये परिश्रम से अर्जित धन-सम्पत्ति को प्रकट करती है। ऐसे व्यक्ति को कैरियर की शुरुआत में कठिन संघर्ष करना पड़ता है। (चित्र संख्या-16फ-फ)।

❋ जीवन रेखा से निकलकर सूर्य पर्वत पर जाने वाली रेखा हाथ की विशेषता के अनुसार होने वाले व्यवसाय, व्यापार नौकरी आदि में विशेष सफलता प्रदान करती है।

❋ यह ध्यान रखने योग्य नियम है कि हाथ जिस प्रकार का होगा उसी प्रकार के कार्य में उसे विशिष्टता या सफलता मिलती है। उदाहरण के लिए जीवन रेखा से निकलती रेखा बुध पर्वत पर जाये और हाथ का आकार सूच्याकार (Conic Hand) हो तो व्यक्ति अपनी अन्त: प्रेरणा या मनोवेग से अचानक शेयर खरीदने जैसा कोई कार्य करेगा और उसमें उसे बहुत अच्छी सफलता मिलेगी। वर्गाकार हाथ (Square Hand) वाले को व्यापार या विज्ञान में तथा चपटा हाथ (Spatulate hand) वाले व्यक्ति को किसी नयी खोज या आविष्कार करने में कामयाबी मिलेगी।

जीवन रेखा रूपी नदी बृहस्पति पर्वत तथा शुक्रपर्वत के मध्य से निकलकर शुक्रपर्वत तक प्राय: अर्धचन्द्राकार रूप से चक्कर लगाती है। कभी-कभी ऐसा भी होता है कि जीवन रेखा अपने अन्तिम भाग में शुक्र से दूर चन्द्र पर्वत की ओर जाकर मुड़ जाती है। इस प्रकार जीवन रेखा शुक्र पर्वत के आकार को बढ़ा देती है। इससे शुक्र पर्वत के गुण जैसे शारीरिक शक्ति, काम ऊर्जा, विपरीत यौन के प्रति आकर्षण अधिक होगा और आराम देह जीवन की चाह, सांसारिक सुखों के भोग आदि इच्छाएँ पूर्ण हो सकती हैं। इसके विपरीत यदि जीवन रेखा इस प्रकार गोलाई बनाये जिससे शुक्र पर्वत (Mount of Venus) का क्षेत्र कम हो जाये तो इसके दुष्परिणाम में उसी अनुपात में आयु तथा ऊपर बतायी शक्तियों में भी कमी हो जायेगी। सांसारिक सुखों की चाहत अतृप्त रहेगी।

जीवन रेखा से मिलकर या उसके समानान्तर चलते हुए ऊपर जाने वाली रेखाएँ व्यक्ति की उन्नति बताती हैं, वे जिस भी ग्रह क्षेत्र की ओर जाती हैं उससे सम्बन्धित लाभ देती हैं। लेकिन शर्त यह है कि रेखाएँ जहाँ समाप्त हो रही हों वहाँ कोई अशुभ चिह्न नहीं हो, इसके विपरीत जो रेखाएँ हथेली के शुक्र पर्वत

की ओर से आकर जीवन रेखा को काटती हैं वे चिन्ताएँ, रुकावटों और दु:खों की प्रतीक होती हैं (चित्र संख्या-18ज-ज)।

घर में रिश्तेदारों द्वारा विरोध तथा हस्तक्षेप उस समय प्रकट होता है जब वह रेखा केवल जीवन रेखा को ही काटे। जब ये रेखाएँ जीवन रेखा को पारकर भाग्य रेखा को काटती हैं तो ये उन बाधाओं और विरोधों को प्रकट करती हैं जो व्यवसाय, व्यापार और सांसारिक कार्यों में हमारे प्रतिद्वन्द्वियों (Competitors) द्वारा किये जाते हैं। ऐसी रेखाएँ अगर मस्तिष्क रेखा को काटती हुई आगे बढ़ जायें या उनका स्पर्श करें तो इसका मतलब उन लोगों से है जो हमारे विचारों को प्रभावित करते हैं और हमारी योजनाओं में हस्तक्षेप करते हैं (चित्र संख्या 18फ-फ)। जब ये जातक की हृदय रेखा को बेधती हुई आगे बढ़ जाती हैं तो उन लोगों को दर्शाती हैं, जो हमारे घनिष्ठ सम्बन्धों में दखलन्दाजी (Interference) करते है (चित्र संख्या 18ज-ज)। जातक प्रश्न कर सकता है कि ऐसा कब होगा? इसका उत्तर है, "उस समय जब ये रेखाएँ जीवन रेखा को काटती हैं।"

जीवन रेखा तथा स्वास्थ्य रेखा

इसके बारे में आप हाथ की मुख्य रेखाओं का संक्षिप्त विवरण में पढ़ चुके है। यहाँ पर हम जीवन पर पड़ने वाले अन्य प्रभावों के बारे में प्रकाश डालेंगे। स्वास्थ्य रेखा जब हृदय रेखा को काटती हुई अथवा उससे निकलती हुई जीवन रेखा से मिलती है, तब यह दिल की कमजोरी या रोग दर्शाती है। यहाँ हम इसे संक्षिप्त रूप में इस प्रकार समझ सकते हैं:-

- ❋ पीली और चौड़ी स्वास्थ्य रेखा-खराब रक्त संचालन, जिगर की कमजोरी व इस रेखा पर पड़े नन्हे-नन्हे लाल दाग-बुखार की प्रवृत्ति बताते हैं।
- ❋ मोड़दार, टूटी रेखा-पित्त सम्बन्धी रोग दर्शाती है।
- ❋ सीधी रेखा का छोटे-छोटे टुकड़ों में होना पाचन शक्ति कमजोर होना बताती है।
- ❋ रेखा पर छोटे-छोटे द्वीप और जातक के नाखून लम्बे होना वक्षस्थल या फेफड़े के रोग की सूचक है।

बुध क्षेत्र की ओर से आती यह रेखा जब जीवन रेखा से मिले तब इसका जीवन रेखा से कमजोर होना ही जातक के जीवन के लिए ठीक है। जीवन रेखा से अधिक या उसके समान शक्तिशाली होने पर मृत्युसूचक।

- ❋ स्वास्थ्य रेखा का नहीं होना या होने पर एक साफ लकीर के रूप में होना स्वस्थ जीवन का द्योतक है।

❋ जीवन रेखा पर द्वीप, जाली (Grill) क्रॉसबार, हल्के बिन्दु (Crossbar) आदि हानिकारक चिह्न रोग, दुर्घटना, मानसिक चिन्ता, तनाव आदि के द्योतक हैं। इसके विपरीत चतुष्कोण जीवन रेखा के टूटने (रोग/दुर्घटना) की स्थिति में जीवन की रक्षा करता है (चित्र संख्या-14सी-डी)। इसी प्रकार त्रिकोण को भी जीवनरक्षक ढाल माना जाता है। इन चिह्नों या प्रतीकों को देखते समय यह ध्यान दें कि वे कितने स्पष्ट हैं और जीवन रेखा कितनी मजबूत है। शुभ चिह्न अधिक स्पष्ट तथा गहरा है या अशुभ चिह्न? जो अधिक स्पष्ट तथा गहरा होगा वही शुभ-अशुभ के युद्ध में विजयी होगा। कभी-कभी ऐसा भी देखा गया है कि मंगल क्षेत्र से आने वाली रेखा जीवन रेखा पर द्वीप बना देती है और द्वीप के चारों ओर चतुष्कोण उपस्थित होकर जीवन की रक्षा कर लेता है।

जीवन रेखा का अन्त

जीवन रेखा के अन्त में द्वीप का होना जातक को माता-पिता की ओर से सुख तथा आर्थिक सहायता नहीं मिलना बताता है। ऐसे व्यक्ति को अधिकतर मानसिक अशान्ति बनी रहती है। टूटी हुई जीवन रेखा और छोटी जीवन रेखा जीवन की कहानी को भी छोटा कर देती है, बशर्ते कोई सहायक चिह्न जैसे मंगल रेखा का होना या अन्य कोई शुभ संकेत नहीं हो।

जीवन रेखा का अपने अन्तिम भाग में धीमे-धीमे अस्पष्ट होते जाना इस तथ्य का सूचक है कि जातक के शरीर की कमजोरी धीमे-धीमे बढ़ती जायेगी और जीवनशक्ति समाप्त हो जायेगी। जीवन रेखा का अचानक खत्म हो जाना जातक की अचानक मृत्यु का सूचक है।

विज्ञान और हस्तरेखाएँ

यहाँ हम जातक की आयु तथा जीवन का अन्त होने के गम्भीर विषय में अपने विचार प्रकट कर रहे हैं। अत: हमें पूर्ण सावधानी तथा शुभ दृष्टिकोण (Positive Attitude) रखना आवश्यक है।

आधुनिक युग में मेडिकल साइंस में आश्चर्यजनक उन्नति हो रही हैं। मनुष्य को स्वस्थ तथा दीर्घजीवी बनाने के लिए नित नये आविष्कार हो रहे हैं, औषधियाँ बन रही हैं। अंग प्रत्यारोपण की पौराणिक कथाओं को विज्ञान ने पुन: सत्य सिद्ध कर दिया है। इसके साथ ही आज का औसत आदमी भी अपने स्वास्थ्य की ओर जागरूक होता जा रहा है। अत: यदि आपकी गणना के अनुसार किसी व्यक्ति की मृत्यु निकट दिखायी दे रही हो तो भी यह कहना ही उचित है, "मृत्यु की सम्भावना तो है परन्तु सही इलाज करवाने से बचा जा सकता है।" आज की

स्थिति में जब विज्ञान ने अत्यधिक उन्नति कर ली है, मस्तिष्क रेखा, अँगूठा (इच्छाशक्ति) तथा मंगल स्थान व मंगलरेखा का महत्त्व बहुत बढ़ गया है।

आइए! अब सावधानी से जीवन रेखा में बहती जीवन ऊर्जा (Energy) के बारे में आगे विचार करें-

यदि जातक की जीवन रेखा समाप्त होने से पूर्व दो पुष्ट धाराओं में बँट जाये और दोनों में पर्याप्त अन्तर हो तो यह दर्शाता है कि वह अपने जीवन का अन्तिम काल विदेश में व्यतीत करेगा। अगर दोनों शाखाएँ कमजोर, पतली और हल्की हैं अथवा उनसे और नन्ही-नन्ही शाखाएँ फूट रही हैं तो यह जीवन ऊर्जा (Life Energy) के बिखरकर समाप्त होने को दुखद सन्देश है (चित्र संख्या-15म)।

जीवन रेखा पर बिन्दु बीमारी दिखाते हैं। इनके साथ नाखूनों को भी देखें, जैसा कि चित्र संख्या 19 और 20 में दिखाया गया है। इसके साथ ही नाखून और स्वास्थ्य (पृष्ठ संख्या-43-45) देखिए।

नाखूनों (Nails) के प्रकार और रोग

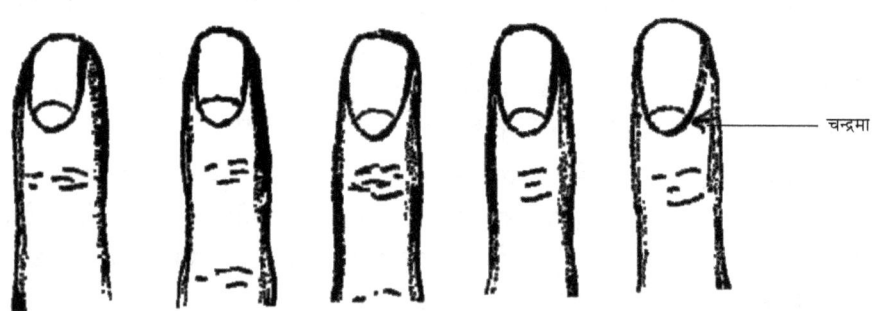

फेफड़ों की कमजोरी   NAILS   क्षय रोगों की सम्भावना (टी.बी.)   चन्द्रमा

चित्र संख्या-19अ

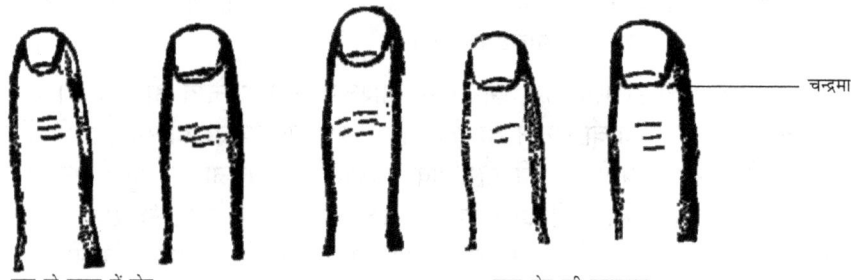

खून के प्रवाह में दोष   हृदय रोग की सम्भावना   चन्द्रमा

चित्र संख्या-19ब

हाथ की अँगुलियों और अँगूठे में उनके नीचे की ओर बड़ा चन्द्रमा होना शुभ माना जाता है। यह सफेद और बहुत हल्के गुलाबी रंग का होता है। एक हाथ में एक से अधिक चन्द्रमा अच्छे रक्त संचार का संकेत देता है। मृत्यु से पूर्व नाखूनों के चन्द्रमा नीले पड़ने लगते हैं और काले पड़ जाते हैं। एक अन्य तथ्य भी ध्यान देने योग्य है कि बड़े चन्द्रमा हमेशा दिल की मजबूत कार्यप्रणाली और तीव्र रक्त प्रवाह का संकेत देते हैं परन्तु असामान्य बड़े चन्द्रमा दिल की धड़कन का बढ़ना, दिल के वाल्बों पर अधिक दबाव के साथ किसी रक्तवाहिनी के फटने की भावी सम्भावना का खतरा बताते हैं।

जब हाथ में बीमारी का कोई चिह्न नहीं मिलता और जीवन रेखा या मस्तिष्क रेखा पर बिन्दु होता है तो यह उस आयु में दुर्घटना होने का संकेत देता है।

यहाँ पर पाठकों की सुविधा के लिए (पृष्ठ संख्या-43 व 45 पर) नाखूनों के दोषों से होने वाले कुछ अन्य रोगों के बारे में चित्रों सहित बताया गया है। जीवन रेखा की समाप्त होने की स्थिति में नाखूनों की इन विशेषताओं द्वारा रोग के कारण का पता लगाकर उसका डाक्टरी उपचार करवाया जा सकता है। इन रोगों का पूर्व ज्ञान तथा उपचार व्यक्ति की जीवनीशक्ति को बढ़ा सकता है। (चित्र संख्या-19अ, 19ब, 20अ, 20ब देखिए)।

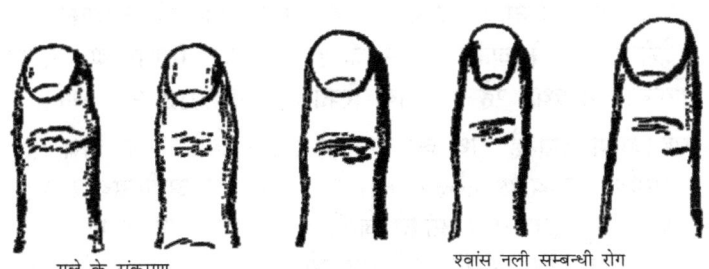

गले के संक्रमण   श्वांस नली सम्बन्धी रोग

नाखूनों के प्रकार और रोग चित्र संख्या-20अ

लकवा या अंगघात (Paralysis) की सम्भावना दिखाने वाले नाखून

चित्र संख्या-20ब

अध्याय-९

आयु जानने की विधियाँ

जीवन रेखा से आयु पता लगाना

यह हस्तरेखा शास्त्र का सबसे महत्त्वपूर्ण विषय है। कुछ हस्तरेखा शास्त्री (Palmist) जीवन रेखा, कुछ हृदयरेखा तथा मस्तिष्क रेखा के आधार पर आयु गणना करते हैं। इस गणना से पहले इस तथ्य को भी ध्यान में रखा जाता है कि उस काल में (जैसे सन् 2012-2017) देश में औसत आयु का पैमाना क्या चल रहा है, जैसे आजकल औसत आयु पहले (सन् 1950 के दशक) से अधिक पहुँच गयी है। इसके अलावा जातक के वंश, माता-पिता की आयु, जातक का व्यवसाय तथा जीवन शैली भी जातक की आयु पर प्रभाव डालते है।

आज भारत में 100 वर्ष की आयु वाले व्यक्ति लगभग दो लाख की संख्या में हैं। अत: मध्यम वर्ग के लिए हम 80 या 100 वर्ष का पैमाना आयु गणना के लिए मान सकते हैं। अपवाद रूप में आज श्री फौजासिंह (पंजाब निवासी, आजकल लन्दन में रह रहे है।) जैसे सौ वर्ष के व्यक्ति भी हैं जो 27 मील की मैराथन दौड़ में पूरे विश्व के वरिष्ठ नागरिकों में प्रथम रहे और नया रिकार्ड (सन् 2012 में) स्थापित किया।

दूसरी महत्त्वपूर्ण बात है हाथ का आकार-प्रकार जैसे चपटा हाथ (Spatulate Hand) और वर्गाकार हाथ (Square Hand) की तुलना में अतीन्द्रिय हाथ (Psychic Hand) की पूरी आयु कुछ कम आँकी जाती है। कसौटी यह है कि हाथ जितना कठोर, कुछ खुरदुरा और औसत दर्जे का मोटा होगा तथा हथेली बड़ी होगी, जातक में उतनी ही अधिक शारीरिक ऊर्जा होगी और यदि कोई मृत्यु सूचक चिह्न नहीं है तो आयु भी अधिक होगी।

आयु सीमा निश्चित करने के बाद जीवन रेखा (Line of Life), हृदय रेखा (Line of Heart) और मस्तिष्क रेखा (Line of Mind) इनमें से जिसको भी पॉमिस्ट आयु रेखा के रूप में मानना चाहता है उसकी पूरी लम्बाई नाप लेता है। इस नापने में रेखा को प्रारम्भ से लेकर अन्त तक नापा जाता है, उसमें उसके मुड़ने को भी शामिल करते हैं, अब अगर पॉमिस्ट ने पूरी आयु 90 वर्ष मानी है और लम्बाई की पूरी माप 4" है। आयु के वर्ष निकालने के लिए वह इसे (लम्बाई=4") चार भागों में बाँट देगा। इस प्रकार वह 22½ वर्ष के 4 खण्ड बना लेगा, रेखा के खण्ड से उसे उतने ही वर्षों का भाग्यफल पता चल जायेगा।

मान लीजिए कि मस्तिष्क रेखा हाथ में पूरी नहीं हैं तो पॉमिस्ट (Palmist) को एक काल्पनिक पूरी रेखा उस स्थान पर बनाकर पहले उसे नापना होगा फिर उसके आधार पर जातक के हाथ की रेखा का अनुपात लगाकर आयु निकालनी होगी। उदाहरणार्थ-पॉमिस्ट की मान्यता है कि आयु 100 वर्ष होनी चाहिए। वह जातक की हथेली में एक काल्पनिक पूरी सीधी मस्तिष्क रेखा बनाता है जो 4" लम्बी है। जातक के हाथ में बनी वास्तविक मस्तिष्क रेखा की लम्बाई केवल 3" है, तो

∵ 4" = 100 वर्ष,

∴ 1" = 25 वर्ष,

∴ 3" = 75 वर्ष जातक 75 वर्ष की आयु पायेगा।

पॉमिस्ट इसी विधि से हृदय और जीवन रेखा द्वारा जातक की आयु निकाल सकता है।

कुछ विद्वान अँगुलियों के आधार से मस्तिष्क रेखा पर लम्ब डालकर आयु निकालते हैं। इस विधि में यदि हथेली अँगुलियों के आधार से अधिक चौड़ी है तो 6 खण्ड बनते हैं, अँगुलियों के बराबर या कम चौड़ी होने पर 4 खण्ड। इन खण्डों से (4 या 6) मानक आयु 80 वर्ष में भाग देकर जो भागफल आता है उससे उपर्युक्त विधि द्वारा एक-एक वर्ष तक की गणना की जा सकती है। हथेली के अँगुलियों के आधार से अधिक चौड़ी होने पर जातक की आयु मानक आयु से उसी अनुपात में अधिक होगी।

भाग्य रेखा से आयु पता लगाना

भाग्य रेखा, हाथ के आधार से, जीवन रेखा से या जीवन रेखा के भीतर से, चन्द्र क्षेत्र के बीच के स्थान से अथवा चन्द्रक्षेत्र से आरम्भ हो सकती है। जिस बिन्दु पर भाग्य रेखा मस्तिष्क रेखा का स्पर्श करे वहाँ जातक की आयु 35 वर्ष मानें, यदि मस्तिष्क रेखा सामान्य से कुछ ऊपर हो तो 37½, सामान्य से कुछ नीचे हो तो 32½ मानें। जहाँ भाग्य रेखा हृदय रेखा को छुए वहाँ जातक की आयु 50 वर्ष मानें। यदि हृदय रेखा सामान्य स्थिति से बहुत ऊँची हो तो हृदय तथा भाग्य रेखा के मिलन बिन्दु को 57 वर्ष मानना चाहिए। इन दो मुख्य बातों के आधार पर भाग्य रेखा को पाँच-पाँच वर्ष के कालखण्डों में बाँटकर भाग्यफल बताया जा सकता है।

हाथ की रेखाएँ बदलती रहती हैं। अतः पॉमिस्ट जातक से उसके जीवन की कोई मुख्य घटना की तिथि जानकर उसे आयु, हृदय, मस्तिष्क और भाग्य रेखा पर चिह्न बनाकर अपनी-अपनी रीति से आयु निश्चित करते हैं। यह एक कठिन कार्य है परन्तु अभ्यास से यह कार्य सरल हो जाता है। भाग्य रेखा की आयु के अनुसार ही सूर्य रेखा की आयु निकाल सकते हैं। कुछ पश्चिमी विद्वान 7 वर्ष

के कालखण्ड के अनुसार आयु रेखा निकालते हैं। वे अधिकतम आयु 98 या 91 मानते हैं।

पूरी आयु जानने के लिए अन्य विद्वान मणिबन्ध के दोनों किनारों और संकेतिका अँगुली (Index Finger) तथा कनिष्ठिका अँगुली (Little Finger) के किनारों से हथेली पर क्रॉस बनाकर पहले हथेली का केन्द्र बिन्दु ज्ञात करते हैं फिर उसी के आधार पर दस-दस वर्ष के 8 या 10 कालखण्ड बना लेते हैं। मेरे मित्र श्री विजय किशोर जो माने हुए ज्योतिषी हैं, 'मस्तिष्क रेखा' से ही आयु ज्ञात करते हैं।

मेरे विचार से पूरी आयु निकालने की सबसे अच्छी विधि है कि (चित्र संख्या-21) के अनुसार बृहस्पति, शनि, सूर्य, बुध, मंगल, चन्द्रमा के बाहरी बिन्दुओं से एक तिरछी रेखा (चित्र में दिखाये कोण के अनुसार) खींचकर उसे शुक्र पर्वत को घेरने वाली पूरी जीवन रेखा से मिलाया जाये। प्रायः पूरी जीवन रेखा (आयु 100 वर्ष प्रकट करने वाली) कम होती हैं। ऐसी स्थिति में एक रेखा काल्पनिक रूप से बना लें। इसमें जीवन रेखा पर बृहस्पति से आती रेखा तक 10 वर्ष, शनि से आती रेखा तक 10 वर्ष, सूर्य रेखा खण्ड से लेकर चन्द्र तक पन्द्रह-पन्द्रह वर्ष और अन्तिम के दस वर्ष लगायें। इस प्रकार कुल आयु में अनुपात के अनुसार कमी आयेगी, ज्यादा होने पर अनुपात के अनुसार आयु बढ़ेगी। जीवन रेखा में जिस स्थान पर 10 वर्ष का कालखण्ड है वहाँ उसे दस भागों में जहाँ 15 वर्ष है वहाँ 15 भागों में बाँटने पर प्रत्येक वर्ष का स्थान पता चल जायेगा। वास्तविक जीवन रेखा का अन्तिम भाग जो अँगूठे के मूल पर मिलता है जितना कम होगा अर्थात् जीवन रेखा जितनी छोटी होगी, जातक की आयु उतनी ही मानक आयु से कम होती जायेगी।

अध्याय-१०

जीवन में शुभ-अशुभ यात्राएँ और दुर्घटनाएँ

जीवन एक यात्रा है जो जन्म के साथ शुरू होती है और मृत्यु पर समाप्त, परन्तु इस जीवन यात्रा में हमें अपने व्यवसाय या भिन्न-भिन्न कार्यों को पूरा करने के लिए छोटी-बड़ी अनेक यात्राएँ करनी होती हैं। इनसे लाभ-हानि, यश-अपयश आदि भी प्राप्त होता है। अब हम इन्हीं यात्राओं के बारे में जानेंगे।

इस सम्बन्ध में जानने के लिए हमें सर्वप्रथम जीवन रेखा से निकलकर उसके साथ-साथ चलने वाली पतली रेखाओं पर ध्यान देना चाहिए। इसके बाद चन्द्र पर्वत पर बनी मोटी रेखाओं का निरीक्षण करना चाहिए। (देखिए चित्र संख्या-10फ-ज) जीवन रेखा में, यात्रा रेखा निकलने के बाद अगर उसमें (जीवन रेखा में) कुछ अच्छा परिवर्तन दिखता है तो इसका अर्थ हैं कि वह यात्रा महत्त्व की होगी। इस प्रकार की रेखाएँ चन्द्र पर्वत पर स्थित यात्रा रेखाओं से अधिक प्रभावशाली होती हैं। इसका एक उदाहरण हम पिछले पृष्ठों में पढ़ चुके हैं जहाँ जीवन रेखा की एक शाखा चन्द्र पर्वत पर जाती है और दूसरी शुक्र पर जिसके फलस्वरूप व्यक्ति एक लम्बी यात्रा के बाद अपने घर से सुदूर स्थान पर निवास करने लगता है। मणिबन्ध से निकलकर चन्द्र पर्वत पर जाने वाली रेखाओं की भी यात्राओं से लाभ होता है अन्यथा नहीं। यात्रा रेखा सामान्य स्थिति में रहे तो सामान्य लाभ, यात्रा रेखा का अन्त चतुष्कोण में होने पर यात्रा में संकट का सामना करना होगा पर जातक सुरक्षित रहेगा। अगर यात्रा रेखा का अन्त 'क्रॉस' से होता है तो यह यात्रा से मिलने वाली निराशा की द्योतक है, यात्रा का अन्त द्वीप में होना, यात्रा में हानि मिलने का सूचक है। मणिबन्ध से ऊपर उठकर चन्द्र पर्वत पर जाती रेखाएँ सबसे अधिक लाभदायक होती हैं।

- ❋ यात्रा रेखा शनि पर्वत (Mount of Saturn) पर पहुँचती हो तो यह यात्रा से किसी घातक हानि होने का संकेत है।
- ❋ चन्द्र पर्वत से बृहस्पति पर्वत (Mount of Jupiter) पर पहुँचने वाली रेखा एक बहुत लम्बी परन्तु अच्छी मात्रा में धन, यश या सफलता प्राप्त होना बताती है।

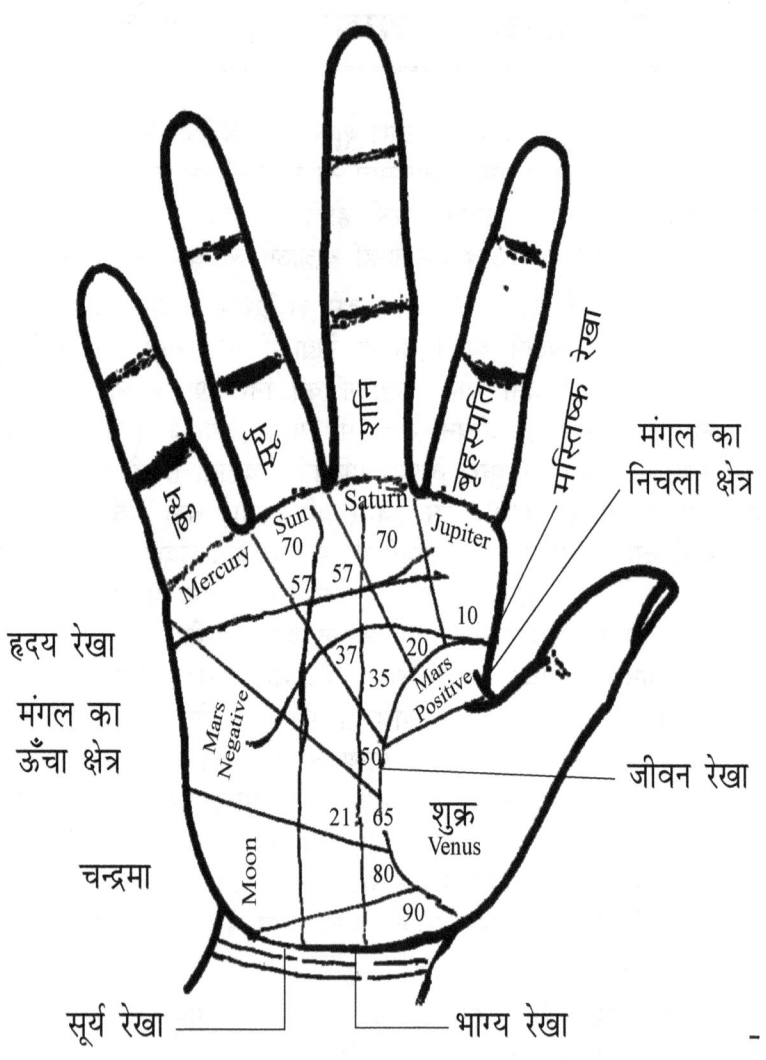

बुध
सूर्य
शनि
बृहस्पति
मस्तिष्क रेखा
मंगल का
निचला क्षेत्र
Sun
Saturn
Jupiter
Mercury
70
70
57
57
10
20
37
35
Mars Positive
हृदय रेखा
मंगल का
ऊँचा क्षेत्र
Mars Negative
50
जीवन रेखा
21
65
शुक्र
Venus
चन्द्रमा
Moon
80
90
सूर्य रेखा
भाग्य रेखा

चित्र संख्या-21

* यदि यात्रा रेखा बुध पर्वत (Mount of Mercury) पर जाये तो इसका अर्थ होगा कि जातक को अचानक अच्छी धन राशि का लाभ होगा।
* सूर्य पर्वत (Mount of the Sun) पर पहुँचने वाली यात्रा रेखा धन तथा यश मिलने का अच्छा संकेत देती है।
* चन्द्र पर्वत को पार कर भाग्य रेखा में मिलने वाली यात्रा रेखाएँ जब उसके साथ ऊपर जाने लगती हैं, जातक को कोई न कोई भौतिक लाभ प्रदान करती हैं। यदि वे भाग्य रेखा के साथ ऊपर नहीं जायें तो सामान्य फल ही देती है। लेकिन ये प्राय: लम्बी होती हैं।
* जब इस प्रकार की यात्रा रेखाएँ कलाई की ओर जाती हैं या मुड़ जाती हैं तो यह दुर्भाग्य सूचक होती हैं। (चित्र संख्या-10अ-फ-क)।
* जब यात्रा रेखाएँ एक दूसरे को क्रॉस करती अर्थात् काटती है तो इसका अर्थ है कि उस प्रकार की यात्रा कई बार होगी।
* जब यात्रा रेखाएँ मस्तिष्क रेखा से मिलती हैं और वहाँ जाली, द्वीप, बिन्दु आदि अशुभ चिह्न बनाती हैं, या वह चिह्न वहाँ होता है तो इसका मतलब है कि ऐसी यात्रा शारीरिक व मानसिक कष्ट देगी या अशुभ सिद्ध होगी। (चित्र संख्या-10अ-च)।
* यदि ऐसी यात्रा रेखा के अन्त में चतुष्कोण हो तो यात्रा में संकट आयेगा परन्तु जातक को विशेष हानि नहीं होगी (चित्र सख्या-10अ-च)।

दुर्घटनाएँ (Accidents)

शनि पर्वत पर द्वीप (Island) हो और उससे निकलकर एक रेखा जीवन रेखा में प्रवेश कर जाये, यह गम्भीर दुर्घटना का संकेत है पर यह जानलेवा नहीं होगी। अगर शनि पर्वत पर क्रॉस (Cross) हो और एक रेखा उससे निकलकर मस्तिष्क रेखा को काटे ये दुर्घटना में मृत्यु की सम्भावना का सूचक है। बुध पर्वत पर क्रॉस किसी तीव्र गति वाले वाहन से घातक दुर्घटना का संकेत करता है। चन्द्र पर्वत पर क्रॉस (Cross) का चिह्न जल में डूबने की सम्भावना बताता है।

* शनि पर्वत के आधार पर क्रॉस होना, पशुओं से होने वाली दुर्घटनाओं को प्रकट करता है।
* शनि पर्वत से नीचे आकर मस्तिष्क रेखा या जीवन रेखा को काटने वाली रेखाएँ दुर्घटना सूचक होती हैं। द्वीप चाहे शनि पर हो, जीवन रेखा पर हो या हृदय पर, यह एक अशुभ तथा दुखदायी चिह्न है।

शनि पर्वत से आने वाली स्पष्ट सीधी रेखाएँ जब हृदय रेखा और मस्तिष्क रेखा को काटती हैं तो यह सिर में चोट लगने का द्योतक है। लेकिन ऐसी रेखाएँ जब जीवन रेखा को भी काट देती हैं तो मृत्यु की सम्भावना प्रकट करती हैं। (चित्र संख्या-10अ-ई-ई) इसके साथ ही जातक के बायें हाथ को भी देखें, यदि वहाँ भी जीवन रेखा कटी है और दोनों हाथों में उस स्थान को भरने वाली सहायक रेखा या रक्षक चिह्न नहीं तो यह दु:खद सम्भावना सच्ची सिद्ध होगी।

अध्याय-११

सबसे महत्त्वपूर्ण रेखा-मस्तिष्क रेखा

अपनी मानसिक शक्तियों के बल से मानव जाति पूरे सौरमण्डल में सबसे शक्तिशाली तथा बुद्धिमान बन चुकी है। असंख्यों आविष्कारों के अतिरिक्त उसने मस्तिष्क प्रक्षालन (Brain Washing), मनोनिग्रह (Mind Control) तथा योग एवं ध्यान की ऐसी विधियाँ विकसित कर ली हैं जिनसे वह दुर्भाग्य को भी सौभाग्य में बदल सकती है। ये बहुत कठिन जरूर है पर असम्भव नहीं। यह सब लिखने का अर्थ यह है कि हमें अपनी मस्तिष्क रेखा आदि का सूक्ष्म ज्ञान प्राप्त कर हानिकारक आदतों का त्याग कर अपनी शक्तियों का विकास करना चाहिए। दूसरे शब्दों में अपनी हस्तरेखाओं से प्राप्त ज्ञान द्वारा व्यक्ति यदि पूरी इच्छाशक्ति से किसी भावी दुर्भाग्य को दूर करना चाहे तो यह सम्भव है। आधुनिक वैज्ञानिक सोच वाले हस्तरेखा शास्त्री किसी ग्रह के बुरे प्रभावों को दूर करने के लिए उपर्युक्त उपायों को अपनाने की सलाह देते हैं, अन्धविश्वास से भरे टोने-टोटके या आडम्बरी पूजा-पाठ की नहीं।

आधुनिक वैज्ञानिकों के अनुसार हृदय की धड़कन रुक जाने के बाद भी मस्तिष्क कुछ क्षणों तक काम करता रहता है और किसी व्यक्ति को उस समय तक मृत घोषित नहीं किया जा सकता जब तक कि उसका मस्तिष्क भी पूरी तरह कार्य करना बन्द नहीं कर दे। निरीक्षण करने पर यह पाया गया है कि सिद्ध योगी अपने हृदय की धड़कन कुछ मिनटों के लिए बन्द कर सकते हैं। इन मिनटों में उनका मस्तिष्क पूरी तरह कार्य करता रहता है। इससे भी मस्तिष्क हृदय की तुलना में अधिक शक्तिशाली सिद्ध होता है।

मस्तिष्क हमारे मन और हमारी चेतना का एक भौतिक रूप है जो अपने में महान रहस्यों को छिपाये है। अतः मस्तिष्क रेखा के बारे में हमें पूरे ध्यान से पढ़ना और उसका ज्ञान बढ़ाकर लाभ उठाना चाहिए। वही ज्ञान हमें शक्ति देता है जिसका उपयोग किया जाता है। अस्तु प्रस्तुत है रहस्यमयी मस्तिष्क रेखा: मस्तिष्क रेखा तीन स्थानों से प्रारम्भ हो सकती है।

(1) प्रायः यह जीवन रेखा के प्रारम्भिक भाग के ऊपर से या

(2) जीवन रेखा के प्रारम्भिक भाग से जुड़ी हुई निकलती है। (चित्र संख्या-18म-म)

(3) शनि क्षेत्र के नीचे से

(4) मंगल के निचले क्षेत्र से जीवन रेखा को पार करती हुई हथेली के मध्य में आती है।

(5) बृहस्पति क्षेत्र से निकलकर जीवन रेखा का स्पर्श करते हुए आगे बढ़ जाती है।

हम इन पाँच स्रोतों से निकलने वाली मस्तिष्क रेखा पर विचार करें, इससे पहले यह जानना आवश्यक है कि हाथ के आकार-प्रकार का मस्तिष्क रेखा पर कितना प्रभाव पड़ता है, उदाहरण के लिए वर्गाकार हाथ में ढलवा मस्तिष्क रेखा का जो फल होगा वह अतीन्द्रिय हाथ (Psychic Hand) या सूच्याकार हाथ (Conie Hand) में नहीं होगा। इस तथ्य को ध्यान में रखकर मस्तिष्क रेखा की प्रारम्भिक पाँच स्थितियों का सामान्य फल-

(1-2) जीवन रेखा के ऊपर से निकलने वाली अथवा जीवन रेखा से जुड़ी हुई मस्तिष्क रेखा के बारे में हम जीवन रेखा (पृष्ठ संख्या 76-77) में भली प्रकार पढ़ चुके है।

(3) शनि क्षेत्र के नीचे से निकलने वाली मस्तिष्क रेखा वाले जातक में दर्शनशास्त्र एवं परामनोविज्ञान में गहरी रुचि होगी। उसे इन कार्यों से जैसे ज्योतिष, वास्तुशास्त्र, धर्म संगीत आदि से धन लाभ होगा। भाग्य रेखा भी अच्छी होने पर व्यापारिक दृष्टि से उसे तिलों, तेलों, लोहे आदि खनिज पदार्थों, खेती और उससे सम्बन्धित व्यापार में लाभ हो सकता है बशर्ते अन्य सभी प्रमुख रेखाओं की स्थिति अच्छी हो। यदि मस्तिष्क रेखा से निकल कर कोई रेखा शनि पर्वत पर जा रही हो तब जातक की दर्शनशास्त्र, धर्म संगीत में गहरी रुचि होती है।

(4) मंगल के निचले क्षेत्र से निकलकर जीवनरेखा को काटकर आगे बढ़ती हुई मस्तिष्क रेखा (चित्र संख्या-14ख) उतनी शुभ नहीं जितनी कि जीवन रेखा के कम ऊपर से मस्तिष्क रेखा का निकलना। मंगल ग्रह के प्रभाव स्वरूप ऐसे जातक का स्वभाव चिन्ताओं में डूबा रहना, एक विचार पर दृढ़ नहीं रहना, किसी एक काम में मन नहीं लगना, जल्दी गुस्सा आ जाना, जल्दी नर्वस हो जाना, अपने नजदीकी लोगों से झगड़ा करना, होता है।

(5) मस्तिष्क रेखा बृहस्पति क्षेत्र से निकलकर जीवन रेखा को छूती हुई या कुछ दूरी तक जुड़ी रह कर आगे बढ़ जाये (चित्र संख्या-11स-स) तो यह एक सर्वोत्तम स्थिति होती है अगर रेखा स्पष्ट तथा लम्बी हो। लेकिन उस पर कोई अशुभ चिह्न नहीं होने चाहिए। ऐसे व्यक्ति में उच्च महत्त्वाकांक्षा, तीव्र बुद्धि, दृढ़ निश्चय तथा सतत प्रयत्न करने रहने की

ऊर्जा होती है। वह दूसरों को प्रभावित करने तथा उनका नेतृत्व करने में कुशल होता है। ऐसा व्यक्ति अपनी योजनाओं को सोच-समझकर बनाता तथा साहस के साथ उन्हें कार्य रूप में बदलता है। अपने प्रबन्ध कौशल तथा निर्णयों में वह न्याय का पक्ष लेता है।

❋ यदि बृहस्पति से निकलने वाली ऐसी रेखा जीवन रेखा को बिना स्पर्श किये जा रही हो तो वह व्यक्ति को निर्णय लेने में जल्दबाज बना देगी और उसके कार्यों की गति तीव्र होगी। उसमें पूर्व बताये गये गुण तो होंगे पर चतुरता तथा आत्मसंयम कम होगा। तथापि संकट और समस्याओं को हल करके आगे बढ़ने में वह कुशल होगा। परन्तु ऐसी मस्तिष्क रेखा और जीवन रेखा के बीच अनुचित दूरी हो तो व्यक्ति अपने अत्यधिक गर्व और शीघ्र कार्य करने की आदत के कारण खतरों में पड़ जायेगा।

मस्तिष्क रेखा सम्बन्धी सामान्य लक्षण

❋ लम्बी, स्पष्ट तथा सीधी मस्तिष्क रेखा वास्तविक स्थितियों का सामना करने में व्यवहारकुशलता तथा भौतिक सुखों के प्रति अधिक मोह दर्शाती है।

❋ जब यह हथेली पर पूरी हो और अन्त में मंगल की ओर मुड़ गयी हो (चित्र संख्या-14ख-क) तो जातक धन के महत्त्व को भली प्रकार समझने वाला और व्यापार करने में कुशल होने के कारण धनवान होगा। ऐसा व्यक्ति अपने व्यापार में उच्च सफलता प्राप्त कर दूसरों के लिए एक प्रेरक उदाहरण बनेगा।

❋ जब मस्तिष्क रेखा अपने पहले भाग में सीधी हो और उसके बाद हल्की-सी नीचे की ओर ढलवा रूप रख ले, यह कल्पनाशीलता तथा व्यावहारिकता में एक सुन्दर सन्तुलन होने का संकेत है। ऐसा व्यक्ति कल्पनात्मक विचारों तथा वस्तुओं में भी सन्तुलित मस्तिष्क रखता है और उन्हें उपयोगी बना देता है। (चित्र संख्या-22ख)।

❋ मस्तिष्क रेखा का पूरी तरह सीधा एवं लम्बा होना, (प्रारम्भ से अन्त तक) जातक को असामान्य बौद्धिक शक्ति देता है परन्तु वह अपनी शक्ति का उपयोग अपने हित में ही करता है। (चित्र संख्या-25क-क)।

❋ जब पूरी मस्तिष्क रेखा हल्की-सी मुड़ी या ढलावदार हो, यह दर्शाता है कि व्यक्ति का झुकाव कल्पनात्मक कार्यों की ओर होगा। ये कार्य उस व्यक्ति के हाथ के आकार-प्रकार के अनुसार, साहित्य, संगीत, चित्रकला, नृत्य, अभिनय, वैज्ञानिक आविष्कार आदि हो सकते हैं। (चित्र संख्या-15डी-ए)।

❄ पूरी मस्तिष्क रेखा का बहुत अधिक ढलावदार होना, व्यक्ति को रूढ़ियों से मुक्त, भ्रमणशील, आदर्शवादी, रोमांटिक तथा कल्पनात्मक कार्यों में बहुत रुचि लेने वाला बनाती है। जब ऐसी रेखा का चन्द्र पर्वत पर एक अच्छे काँटे (Fork) के रूप में अन्त हो, तो व्यक्ति साहित्य जगत् में अपना स्थान बनाता है। (चित्र संख्या-23क)।

❄ मस्तिष्क रेखा का हथेली के मध्य भाग से भी छोटा होना व्यक्ति को पूरी तरह भौतिकवादी बनाता है। ऐसे व्यक्ति में कल्पनाशक्ति बहुत कम होती है। परन्तु वास्तविक जीवन में ऐसे लोग व्यावहारिक होते हैं।

❄ मस्तिष्क रेखा का बहुत छोटा होना मनोरोग से मृत्यु होने का सूचक है।

❄ मस्तिष्क रेखा का जंजीरदार होना या नन्हे-नन्हे टुकड़ों से बना होना जातक को एक निश्चित निर्णय लेने में असमर्थ बनाता है और वह अपने मन को किसी एक कार्य या विचार पर केन्द्रित नहीं कर पाता। अतः प्रायः जीवन में असफलता पाता है।

❄ शनि पर्वत (Mount of Saturn) के नीचे इस रेखा का दो भागों में टूट जाना, घातक चोट या दुर्घटना से मृत्यु की सम्भावना दिखाता है। ऐसी दशा में दोनों हाथों को भली प्रकार देख लेना चाहिए। यदि मस्तिष्क रेखा दोनों हाथों में उसी स्थान पर टूटी हो तो मृत्यु की सम्भावना अत्यधिक होती है।

द्वीप

मस्तिष्क रेखा पर द्वीप का अशुभ चिह्न (चित्र संख्या-15डी,ए,जे) मानसिक रोग या कमजोरी का द्योतक है। द्वीप का रंग लाल हो, द्वीप स्पष्ट बना हो और स्थान हल्का-सा दबा हो, ये सारे चिह्न सिर में घातक चोट लगने के संकेत हैं। ऐसी दशा में उस जातक की द्वीप के आगे की रेखा जाँच ले, यदि वह ठीक हो गयी है तो जातक का जीवन बच जायेगा। यदि रेखा ठीक नहीं हुई है तो वह व्यक्ति आगे भी ठीक नहीं रहेगा। मस्तिष्क रेखा के अन्त में द्वीप आँतों या गुर्दे का रोग होने का संकेत है।

चतुष्कोण

मस्तिष्क रेखा पर चतुष्कोण उस काल खण्ड में होने वाली दुर्घटना या रोग से व्यक्ति की रक्षा करता है।

❄ भारतीय हस्त सामुद्रिक शास्त्र के अनुसार शनि क्षेत्र में मस्तिष्क रेखा का खण्डित हो जाना (अर्थात् टूटा होना) टाँग में चोट लगना, सूर्य क्षेत्र में खण्डित होना नेत्रों में दोष होना, गरम हवा (लू) लगना या कुत्ते द्वारा काटा जाना बताता है।

❋ छोटी-छोटी पतली रेखाएँ जब मस्तिष्क रेखा को काटती हैं तो यह तनाव, चिन्ताएँ तथा सिरदर्द का सूचक होता है। (चित्र संख्या-15डीए)।

❋ नन्हे-नन्हे द्वीपों से मस्तिष्क रेखा भरी हो तो यह सिर में बहुत तीव्र पीड़ा और मस्तिष्क रोग होने का संकेत है।

❋ मस्तिष्क रेखा का हथेली पर ऊँचाई पर होना और उसके फलस्वरूप हृदय रेखा तथा मस्तिष्क रेखा के बीच बहुत संकरी जगह रह जाना, यह बताता है कि जातक का मस्तिष्क (बुद्धि) हृदय पर पूर्ण शासन करेगा परन्तु इसके लिए मस्तिष्क रेखा का हृदय रेखा की तुलना में अधिक शक्तिशाली होना आवश्यक है।

❋ यदि मस्तिष्क रेखा से निकलकर एक शाखा हृदय रेखा में जाकर मिल जाये तो यह मिलन उस समय होने वाले एक ऐसे बड़े प्यार की कथा का रहस्य खोलता है जिसमें जातक अपने प्रणय साथी को पाने के लिए किसी भी संकट की परवाह नहीं करता।

❋ लेकिन जब मस्तिष्क रेखा से निकलकर कई बाल-सी पतली रेखाएँ हृदय रेखा से मिलें तो यह अनेक विपरीत यौन के लोगों से प्रेम सम्बन्ध दर्शाता है। लेकिन ऐसा जातक किसी से भी सच्चा प्यार नहीं करता। लेकिन वह सबसे प्रेम करने का दावा करता है।

❋ अब हम इस तथ्य को याद रखने के लिए कि मस्तिष्क रेखा से निकलने वाली शाखाएँ भिन्न-भिन्न मुख्य स्थानों पर जाकर व्यक्ति को क्या मानसिक फल देती है, संक्षेप में जान लें:

शनि की ओर जाने वाली-संगीत, दर्शनशास्त्र, धर्म, विचारों में गहराई बताती है।

सूर्य की ओर जाने वाली-ख्याति (प्रसिद्धि) या कुख्याति (बदनामी) पाने की आकांक्षा।

बुध की ओर जाने वाली-व्यापार, वाणिज्य और विज्ञान तथा पत्रकारिता के क्षेत्रों में जाने के गुण।

बृहस्पति की ओर जाने वाली-गर्व, स्वाभिमान, शक्ति/सत्ता पाने की ज्वलन्त महत्त्वाकांक्षा।

चन्द्रमा की ओर जाने वाली-कल्पना, रहस्य, अध्यात्म की ओर झुकाव।

मस्तिष्क रेखा का हाथ के आकार-प्रकार से सम्बन्ध

हाथ की मस्तिष्क रेखा को प्रायः हाथ के आकार-प्रकार के अनुसार पाया जाता है लेकिन कई बार ऐसा नहीं होता। उदाहरणार्थ प्रारम्भिक हाथ (Elementary

Hand) में स्वाभाविक रूप से मस्तिष्क रेखा छोटी-मोटी और सीधी होती है। परन्तु ऐसे हाथ में चन्द्रमा की ओर झुकाव वाली मस्तिष्क रेखा या शाखा जातक को घोर अन्धविश्वासी तथा हिंसक बना देती है।

* चपटे हाथ (Spatulate hand) स्वतन्त्र, मौलिक विचारों, आविष्कारों और कर्मठता की विशेषता रखने वाले व्यक्तियों के द्योतक होते हैं। इनकी मस्तिष्क रेखा स्पष्ट, लम्बी और हल्की-सी ढलवाँ होती है। लेकिन यदि मस्तिष्क रेखा अधिक ढलवाँ हो जाये तो उसके गुणों में दोगुनी शक्ति आ जायेगी। इसके विपरीत यह रेखा बिलकुल सीधी हो तो व्यक्ति इतना बेचैन, तथा क्रोधी होगा कि दूसरे सहायकों के कार्यों से असन्तुष्ट रहेगा। इससे उसकी उन्नति में बाधाएँ आ सकती हैं।

* वर्गाकार हाथ (Square Hand) के प्राकृतिक स्वभाव अनुसार उसकी मस्तिष्क रेखा सीधी, स्पष्ट व लम्बी होती है। यदि मस्तिष्क रेखा वर्गाकार हाथ में ढालूदार हो तो जातक अपनी कल्पनाशक्ति का उपयोग व्यावहारिक आधार पर करेगा। वह ऐसे आविष्कार करेगा जो मानव कल्पना को साकार कर देंगे।

* दार्शनिक हाथ (Philosophic Hand) की प्राकृतिक/स्वाभाविक मस्तिष्क रेखा को जीवन रेखा से अच्छी तरह जुड़ा हुआ तथा लम्बा व हाथ के नीचे की ओर ढालू (Sloping) होना चाहिए। लेकिन दार्शनिक हाथ में सीधी लम्बी रेखा उसको आलोचक, विश्लेषक तथा सनकी स्वभाव का बना देती है। वह अपनी इच्छा से काल्पनिक शक्ति और व्यवहारकुशलता का उपयोग करने की शक्ति रखता है।

* अतीन्द्रिय हाथ (Psychic Hand) में मस्तिष्क रेखा की स्वाभाविक स्थिति ढालूदार (Sloping) होती है जो उसे ऊँचे स्वप्न देखने वाला, काल्पनिक और आध्यात्मिक शक्ति में विश्वास करने वाला बनाती है। ऐसे व्यक्ति में मस्तिष्क की सीधी रेखा उसे व्यावहारिकता का गुण देती है। उसे कला के क्षेत्र में किसी के प्रोत्साहन से ही कामयाबी मिलेगी।

* सूच्याकार हाथ (Conic Hand) की मस्तिष्क रेखा हाथ के बीच से धीरे-धीरे कलात्मक ढाल लेती हुई चन्द्र पर्वत (Mount of Luna) के सौन्दर्य को देखने के लिए बढ़ती है। भावुकता को पसन्द करने वाले, सौन्दर्य प्रेमी, आवेगशील और कला प्रेम इनके मनोमस्तिष्क की विशेषतायें होती हैं। ऐसे सूच्याकार हाथ में सीधी मस्तिष्क रेखा वाला जातक अपनी कलात्मक प्रतिभा और नये विचारों का उपयोग बाजार तथा ग्राहकों की माँग के अनुरूप करता और सफल होता है।

बुद्धिमान पॉमिस्ट को इसी प्रकार प्रत्येक रेखा की व्याख्या करते समय हाथ के प्रकार तथा अन्य मूल तथ्यों का ध्यान रखना चाहिए।

दोहरी मस्तिष्क रेखा-बहुत कम हाथों में पायी जाने वाली दोहरी या दो मस्तिष्क रेखाएँ अधिक मानसिक शक्तियाँ दर्शाती हैं। ऐसे लोगों के दो अलग-अलग रूप होते हैं और हर रूप में वे सफल रहते हैं। उदाहरण के लिए एक रूप अत्यन्त भावुक तो दूसरा रूप अत्यन्त व्यावहारिक जैसे एक इन्जीनियर सफल कवि भी हो। ऐसे लोगों में दृढ़ इच्छाशक्ति, आत्मविश्वास और आत्मसंयम पाया जाता है। वे प्राय: बहुमुखी प्रतिभा के स्वामी हो सकते हैं।

और अन्त में सबसे सुखद, सुन्दर तथा सफलता दिलाने वाला तथ्य यह है कि अगर मस्तिष्क रेखा से एक शाखा निकलकर बृहस्पति पर्वत पर जाये और वहाँ तारा (Star) हो, जातक जो भी कार्य मन से करेगा उसमें बहुत अच्छी सफलता मिलेगी।

मस्तिष्क रेखा नहीं होने पर हृदय रेखा से ही मस्तिष्क रेखा का अनुमान करें। ऐसे व्यक्ति भावुक होते हैं और भावावेश में सब कुछ भूलकर अपनी तथा दूसरों की हानि कर सकते हैं। यदि जीवन रेखा और भाग्य रेखा अच्छी हों तो जातक मानसिक रूप से सामान्य जीवन बिता सकता है।

अध्याय-१२

हत्या करने की सम्भावना बताने वाले लक्षण

1. यदि मस्तिष्क रेखा हृदय रेखा से लिपट जाये और आगे बढ़े, जातक तुरन्त उग्र और तुरन्त शान्त हो जाने वाले स्वभाव का होगा। मुगदर जैसा अँगूठा दाहिने हाथ में हो तो हत्या कर सकता है।

2. मस्तिष्क रेखा पर अनेक गाँठे हों, यह रेखा मंगल क्षेत्र पर सीधी बढ़े। अँगूठे का पहला पर्व (पोर) भारी हो।

3. जिगर रेखा या स्वास्थ्य रेखा से मस्तिष्क रेखा मिले और उससे पहले नील वर्ण का धब्बा हो, मंगल क्षेत्र बहुत ऊँचा उठा हो और अँगूठे का ऊपरी पोर (प्रथम) मोटा हो।

4. परिस्थितियों से मजबूर होकर हत्या करने वाले जातक का हाथ प्रारम्भिक हाथ (Primary Hand) से कई लक्षणों में मिलता है, जैसे छोटी मस्तिष्क रेखा, कठोर हाथ, हथेली का रक्त वर्ण, नाखून छोटे और उसकी शक्ल मुगदर (Club) से मिलती-जुलती हो। शुक्र पर्वत बहुत ऊँचा हो।

5. गहरी मस्तिष्क रेखा जो कुछ ऊपर की ओर हो, बुध (Mercury) पर ज्यादा गहरी हो गयी हो, हृदय रेखा से मिलकर उस पर अधिकार कर ले (अर्थात् हृदय रेखा मस्तिष्क रेखा दिखे)। अँगूठा लम्बा, बहुत दृढ़ और अन्दर की ओर झुका हो।

6. कठोर हाथ, अँगूठा लम्बा, पहले और दूसरे पोर पूरी तरह विकसित, मस्तिष्क रेखा सामान्य स्थान से कुछ ऊँची, मस्तिष्क रेखा लम्बी पर बहुत पतली हो, शुक्र पर्वत दबा हुआ या बहुत उठा हुआ हो।

आत्म हत्या की सम्भावना बताने वाले लक्षण

1. मस्तिष्क रेखा झुककर मणिबन्ध तक पहुँचकर रुक जाये और वहाँ क्रॉस (Cross) हो।

2. मस्तिष्क रेखा ढालूदार (Sloping) हो और हाथ लम्बा हो, मस्तिष्क रेखा सामान्य से कहीं ज्यादा जीवन रेखा से जुड़ी चली गयी हो, चन्द्रपर्वत (Mount of Luna) अपने आधार पर उठा हुआ हो।

3. शनि पर्वत का भलीप्रकार ऊँचा उठा होना, और उसके साथ ऊपर लिखे संख्या 2 वाले लक्षण पाये जायें।

4. सूच्याकार हाथ (Conic Hand) में अत्यधिक झुकी हुई मस्तिष्क रेखा हो।
5. मस्तिष्क रेखा, जीवन रेखा से घनिष्ठता से मिली हो, बृहस्पति पर्वत (Mount of Jupiter) दबा हो और शनि पर्वत शान से ऊँचा उठा हो।

पागलपन की सम्भावना बताने वाले लक्षण

※ हाथ चौड़ा हो, मस्तिष्क रेखा चन्द्र पर्वत के नीचे की ओर नुकीला मोड़ ले रही हो, शुक्र पर्वत उठा हुआ न हो और शनि पर्वत अन्य से ऊँचा उठा हो। भाग्य रेखा दोषपूर्ण हो।

※ दार्शनिक हाथ (Philosophic Hand) में मस्तिष्क रेखा चन्द्र पर्वत की ओर जाने के लिए नुकीला मोड़ लेती हो, शुक्र पर्वत दबा हुआ, शनि पर्वत अच्छा उठा हो।

※ मस्तिष्क रेखा द्वीपों और छोटी-छोटी रेखाओं के जोड़ से बनी हो। इसके साथ चौड़ी मस्तिष्क रेखा चन्द्र पर्वत की ओर झुकी हो।

※ मस्तिष्क रेखा टूटी हुई छोटी लहरों से बनी हो, इनमें से अनेक जीवन रेखा के अन्दर मंगल स्थान से दूसरी ओर स्थित मंगल के ऊँचे वाले स्थान पर जा रही हों।

※ यदि हृदय रेखा अन्त में दो भागों में बँट जाये और उनमें से एक का चन्द्रमा के क्षेत्र में तारे के साथ अन्त हो तो काम आवेग की अधिकता से पागलपन होगा।

टिप्पणी

हत्या, आत्महत्या तथा पागलपन बताने वाले लक्षणों को हाथ की सभी रेखाओं तथा चिह्नों का विश्लेषण करने के बाद निकालें। ये केवल हस्तरेखा शास्त्र की सम्भावनायें हैं।

अध्याय-१३

आपकी हृदय रेखा (The Line of Heart)

आपके प्यार, परिवार और दिल की दास्तान सुनाने वाली हृदय रेखा जीवन के सभी क्षेत्रों पर अपना असर दिखाती है। इसे भावनाओं का केन्द्र मानने वाले पॉमिस्ट (Palmist) हाथ की सबसे प्रमुख रेखा मानते हैं। उनके अनुसार जब तक दिल धड़कता है तभी तक जीवन सरिता बहती रहती है। हृदय की कार्य प्रणाली दूसरे शब्दों में हमारे जीवन के लिए सबसे अधिक महत्त्वपूर्ण है।

गुलाबी रंग की स्पष्ट गहरी और लम्बी हृदय रेखा एक स्वस्थ रेखा मानी जाती है। तंग, अस्पष्ट, टूटी हुई या जंजीरदार हृदय रेखा अशुभ होती है। (चित्र संख्या-14) यह रेखा हथेली में निम्नलिखित स्थानों से प्रारम्भ हो सकती है।

1. बृहस्पति पर्वत के ऊपर से
2. संकेतिका अँगुली (Index Finger) के प्रथम पोरे को स्पर्श करते हुए
3. बृहस्पति क्षेत्र (Mount of Jupiter) के मूल से
4. मध्यमा अँगुली (Middle Finger) के मूल से
5. शनि (Saturn) के क्षेत्र से
6. शनि क्षेत्र के मूल से
7. बृहस्पति और शनि के मध्य से।

हृदय रेखा किसी भी उपर्युक्त स्थान से निकले, यह प्यार और वफादारी के साथ ही जातक के हृदय सम्बन्धी स्वास्थ्य के बारे में भी बताती है (चित्र संख्या-14-ट-ट)।

हृदय रेखा बृहस्पति पर्वत के ऊपर से, संकेतिका अँगुली (Index Finger) के प्रथम पोरे का स्पर्श करते हुए अथवा बृहस्पति क्षेत्र के मूल से निकलने की इन तीनों स्थितियों के फलों में थोड़ा ही अन्तर होता है। मुख्य फल समान रहता है और वह यह कि जिस स्त्री या पुरुष की हथेली में इन तीनों स्थितियों में से कोई भी स्थिति वाली हृदय रेखा होगी वह अपने प्यार में सारे तर्क-वितर्क एक ओर फेंक कर अपने प्रिय को पाने के लिए सर्वस्व न्योछावर कर देगा। वह अपने प्रिय की इस सीमा तक पूजा करने लगेगा कि उसके

द्वारा किये गये अपमान, उपेक्षा और यहाँ तक कि उसके दोष भी उसे दिखायी नहीं देंगे। यदि हृदय रेखा गहरी हो और मस्तिष्क रेखा से अधिक बलवती हो तो ऐसे स्त्री या पुरुष को अपने इस गहन आदर्शवादी प्यार के लिए भारी कीमत, यहाँ तक कि अपनी जान भी गँवानी पड़ सकती है। ऐसा विशेष रूप से बृहस्पति के प्रथम पोरे का स्पर्श करने वाली रेखा वाले जातक के साथ हो सकता है। बृहस्पति पर्वत के ऊपर से निकलने वाली हृदय रेखा इससे हल्का-सा कम और बृहस्पति क्षेत्र की जड़ या मूल से निकलने वाली हृदय रेखा सबसे कम कुप्रभाव डालेगी पर यह भी जीवन में भारी हलचल मचा देने वाला हो सकता है।

दार्शनिक (Philosophic), अतीन्द्रिय (Psychic) और सूच्याकार (Conic) हाथ वाले लोग अधिकतर अपनी भावनाओं को अधिक महत्त्व देते हैं, उनसे ही गतिशील होते हैं। उनके विचारों के अनुसार एक झुग्गी-झोपड़ी में रहने वाला व्यक्ति जिसके दिल में सारी मानवता के प्रति प्रेम और सेवा भाव है, वह उस सत्ताधारी मन्त्री से कहीं अधिक सुखी है जिसे हमेशा अपने सिर पर तलवार लटकती नज़र आती है। प्रेम दीवानी मीरा, प्रभु भक्ति में मस्त कबीर या नेताजी सुभाषचन्द्र बोस जैसे महान लोगो के लिए उनके अपने आदर्श तथा सिद्धान्त भौतिक संसार के सुखों से अधिक महत्त्वपूर्ण होते हैं।

विधाता की लेखनी से जो भाग्य लेख हमारी हथेली पर लिखा जाता है वह तो महत्त्वपूर्ण है ही पर उससे भी अधिक महत्त्वपूर्ण हैं वे संकेत जिन्हें विधाता हमारे हाथ पर लिखकर अधूरा छोड़ देता है। प्रभु भक्त सच्चे देश प्रेमी या समाज सेवक की अटल भक्ति और समर्पण को हम हाथ के आकार-प्रकार, हृदय रेखा का बृहस्पति क्षेत्र से निकलना, हृदय रेखा का मस्तिष्क रेखा की ओर झुकाव, हाथ में रहस्यमय क्रॉस शुभ स्थान पर होना, बृहस्पति मेखला (Ring of Solomon) आदि के संकेत से समझते हैं। दार्शनिक (Philosophic), अतीन्द्रिय (Psychic) और सूच्याकार (Conic) हाथों में अपने इष्टदेव, देवी या अपने आदर्शों के प्रति जो हार्दिक प्रेम, भक्तिभाव या समर्पण होता है उसमें दु:खों व घोर कष्टों को भी सुखों में बदल देने की शक्ति होती है। प्रारम्भिक हाथ (Elementary Hand) में भी अच्छी हृदय रेखा जातक को ऐसी भाव-शक्ति दे सकती है।

मध्यमा अँगुली के मूल से, शनि क्षेत्र से अथवा शनि क्षेत्र के नीचे से निकलने वाली गहरी हृदय रेखा के फल समान होते हैं। जहाँ बृहस्पति पर्वत या उसके तीनों क्षेत्रों से निकलने वाली हृदय रेखा जातक के प्रबल प्रेम, उदारता तथा परोपकार की भावना को प्रकट करती है, वहीं शनि पर्वत और उसके क्षेत्र से निकलने वाली तीनों प्रकार की हृदय रेखाएँ जातक के आत्मकेन्द्रित होने,

स्वार्थी तथा सनकी होने को दर्शाती हैं। ऐसे जातक अपना प्यार प्रकट करने में भी कोताही करते हैं। जिन व्यक्तियों की हथेली में ऐसी हृदय रेखाएँ देखी गयी हैं उनकी अपनी पत्नियों या प्रेमिकाओं से अधिक समय तक अच्छी नहीं पटती। लेकिन इस प्रकार के पुरुष बाहरी दुनिया के सामने आदर्श प्रेमी, पति का नाटक करते रहते हैं।

ऐसे जातक अड़ियल प्रेमी/प्रेमिका भी होते हैं। वे अपने प्रिय व्यक्ति को पाने के लिए भावनाओं में नहीं बहते वरन् पूरी योजना बनाकर पूरी लालसा से कार्य करते हैं। उनमें यथेष्ट कामवासना होती है। ऐसे मामलों में अगर शनि पर्वत अधिक उभरा हो तो शनि क्षेत्र से निकलने वाली हृदय रेखा जातक के जीवनसाथी के लिए और अधिक कष्टप्रद होती है। ऐसा जातक व्यंग्य और ताने मार-मारकर अपने साथी की दुर्दशा कर देता है और घर में कलह रहती है।

हृदय रेखा सम्बन्धी ये फल स्त्री-पुरुष दोनों पर लागू होते हैं अर्थात् यदि पुरुष की हृदय रेखा की बजाय महिला की हृदय रेखा शनि पर्वत से निकल रही है तो वह भी उपर्युक्त तरीक़े से व्यवहार करेगी। यदि दोनों की हथेली में शनि पर्वत या क्षेत्र से निकलने वाली हृदय रेखा हो तो कलह की कोई सीमा नहीं। दोनों का अलग हो जाना ही बेहतर होगा।

❋ शनि पर्वत के आधार के ठीक पास से शुरू होने वाली हृदय रेखा अगर छोटी हो तो उस जातक में प्राकृतिक प्रेम का अनुभव करने की भावुकता या काबिलियत नहीं होती है। उसका उद्देश्य केवल अपनी वासना पूरी करना होता है।

❋ जब हृदय रेखा संकेतिका (Index Finger) और मध्यमा (Middle Finger) के बीच स्थिति बिन्दु से शुरू हो तो व्यक्ति के प्रेम में गहराई, सच्चाई और दृढ़ता होती है। संकेतिका या तर्जनी (Index Finger) को बृहस्पति तथा मध्यमा अँगुली (Middle Finger) को शनि की अँगुली भी कहते हैं। इनके नीचे भी इसी नाम के पर्वत होते हैं। अतः इनके मध्य बिन्दु से प्रारम्भ होने वाली हृदय रेखा में इन दोनों ग्रहों के प्रभाव आ जाते हैं। (चित्र संख्या-17स)। ऐसा व्यक्ति (प्रेमी या प्रेमिका) अपने जीवनसाथी के सभी दोषों को क्षमा कर देता है। वह न अधिक दुःखी होता न अधिक सुखी। अति के स्तर तक प्यार प्रकट करने वाली अत्यधिक लम्बी हृदय रेखा वाले व्यक्तियों की ईर्ष्या घातक स्तर तक पहुँचने की शक्ति रखती है, अगर उनकी मस्तिष्क रेखा चन्द्र पर्वत की ओर मोड़ लेती है।

❋ यदि हृदय रेखा जंजीर की तरह हो तो प्रेम सम्बन्धों में स्थायीपन नहीं होता। प्रायः ऐसे व्यक्तियों के प्रेम सम्बन्ध पूर्णता को कम प्राप्त होते हैं।

※ हृदय रेखा शनि पर्वत से शुरू हो रही हो, वह जंजीरों या गड्ढों की तरह जुड़ी हो तथा चौड़ी हो, ऐसे व्यक्तियों के मन में अपने विपरीत लिंगी साथी के लिए तिरस्कार की भावना पायी जाती है।

※ हृदय रेखा का हल्की पर चौड़ी होना या छिछला होना, ऐसे जातक के प्रणय सम्बन्ध (Sexual Relations) भी छिछले होते हैं। वे इन सम्बन्धों को हृदय की कोमल तथा उच्च भावनाओं (जैसे पारस्परिक आदर, सुख-दुःख साथ में अनुभव करना) से नहीं जोड़ते, उनमें दिखावा अधिक होता है। ये प्रणय में शीघ्र ही तृप्त और सन्तुष्ट हो जाते हैं।

※ जब यह रेखा हथेली में काफी नीचे झुककर मस्तिष्क रेखा को स्पर्श कर लेती है तो ऐसे व्यक्ति मस्तिष्क से किये जाने वाले कार्यों में भी हृदय से काम लेते है। (चित्र संख्या 16-अ-ब)।

※ जब हृदय रेखा हथेली में बहुत ऊपर स्थित हो तथा मस्तिष्क रेखा उसके समीप स्थित हो, ऐसे व्यक्ति दिल के बजाय दिमाग से प्यार करते हैं। वे अपने प्रेम सम्बन्धों को आगे बढ़ाने में बड़ी नाप-तौल और योजना बनाकर काम करते हैं।

※ यदि जातक की हथेली में हृदय तथा मस्तिष्क रेखाएँ मिलकर एक ही रेखा-सी दिखायी देती हो तो वह दिल के मामले में दिल के साथ पूरा दिमाग और दिमाग के मामलों में पूरा दिल और पूरी आत्मिक शक्ति लगा देगा। ऐसे व्यक्ति अत्यधिक साहसी और दृढ़ इच्छाशक्ति वाले होते हैं। वे उग्र स्वभाव वाले प्रेमी और पति सिद्ध होते हैं। ऐसे व्यक्ति अपने आपको नुकसान पहुँचाने वाले भी होते हैं। बिना सोचे-समझे खतरे मोल लेते हैं और फलस्वरूप चोटें खाते हैं जो कभी-कभी जानलेवा भी साबित हो जाती हैं।

※ प्रारम्भ में जब हृदय रेखा काँटेनुमा हो और इसकी एक शाखा बृहस्पति पर्वत, दूसरी तर्जनी और मध्यमा अँगुली के बीच से शुरू हो रही हो तो ऐसा व्यक्ति आदर्श प्रेमवृत्ति वाला होता है। वह अपने जीवनसंगी/संगिनी की आवश्यकता तथा परिस्थितियों के अनुकूल आचरण करता है। ऐसे व्यक्ति प्रेम सम्बन्धों के मामलों में अत्यधिक सुखी तथा सन्तुष्ट होते हैं। (चित्र संख्या-17अ,ब,स-द)।

※ हृदय रेखा शाखाहीन तथा बारीक हो तो ऐसे लोग छोटे दिल के और प्यार के रिश्तों में उसकी भावुक गर्माहट को अनुभव नहीं कर पाते।

※ हृदय रेखा का खण्डित या टूटा होना प्रेम सम्बन्धों की दुखान्त कथा

कहता है जिसका दुःखद प्रभाव जातक के दिल पर जिन्दगी भर के लिए बना रह सकता है। लेकिन आधुनिक युग की युवापीढ़ी के लिए उतना दुःखद नहीं होता जितना कि अभिनेता गुरुदत्त के जमाने में होता था।

❋ जब हृदय रेखा बृहस्पति पर्वत के आधार के स्थान से नीचे की ओर मुड़ती हो तो जातक प्रेम में गहरी निराशा, दुःख और सन्ताप अनुभव करता है। उसे अपने सच्चे प्यार के बदले में विश्वासघात तथा निष्ठुरता सहनी होती है। (चित्र संख्या-16ब-अ)।

❋ चमकीली रक्ताभ या लाल रंग की हृदय रेखा प्रेम की अभिव्यक्ति में हिंसा के उपयोग को प्रकट करती है। पीली और चौड़ी हृदय रेखा जातक को प्यार के प्रति ठण्डा तथा उदासीन बताती है।

❋ इस रेखा में शनि के नीचे हल्की टूटन (Break) प्रेम में निराशा प्रकट करती है, सूर्य क्षेत्र में टूटन गर्व के कारण, शनि क्षेत्र में भाग्यवश, बुध क्षेत्र में मूर्खता तथा जल्दबाजी के कारण प्रेम में निराशा मिलती है। यहाँ इस वैज्ञानिक तथ्य का ध्यान रखें कि आधुनिक मनोविज्ञान के अनुसार भावनात्मक निराशा रोगों को जन्म देती है। हमारे 70% से अधिक रोग भावनात्मक आवेगों और दुःखों के कारण होते हैं।

❋ हृदय रेखा की शुरुआत क्रॉस से होना जो बृहस्पति क्षेत्र में हो सच्चे प्रेम को पाने का संकेत होता है। लेकिन अगर क्रॉस की एक रेखा शनि पर जाये और दूसरी बृहस्पति पर तो इससे यह प्रकट होता है कि जातक का प्यार स्थिर नहीं रहेगा, कभी बहुत अधिक, कभी कम होता रहेगा और वैवाहिक जीवन में अशान्ति लायेगा।

❋ मस्तिष्क रेखा से निकलकर हृदय रेखा की ओर आने वाली पतली नन्हीं रेखाएँ उन प्रेम सम्बन्धों को प्रकट करती है जो हमें प्रभावित करते हैं। यदि ऐसी रेखाएँ हृदय रेखा को काट दें तो प्रेम सम्बन्ध का अन्त दुःखद होता है और यदि नहीं काटे तो सुखद। (चित्र संख्या-17:1-2)।

❋ हृदय रेखा का नहीं होना या केवल नाम मात्र होना, यह बताता है कि जातक में भावुकता बिलकुल नहीं हैं। वह प्रेम, प्यार, स्नेह जैसी भावनाओं को अनुभव बहुत कम करता है या बिलकुल नहीं करता। हाथ के कोमल होने पर वह कामुक तो बहुत हो सकता है पर दिली प्यार नहीं कर सकता। हाथ कठोर होने पर वह किसी भी प्रकार के प्यार का भाव नहीं रखता।

❋ हृदय रेखा का धुँधला पड़ जाना और फिर स्पष्ट होना, यह बताता है

कि जातक को पहले प्रेम में घोर निराशा और दु:ख का सामना करना पड़ा पर बाद में उसने अपने को सन्तुलित कर लिया।

❄ इस रेखा पर गहरे नन्हे लाल बिन्दुओं का होना खास तौर से शनि क्षेत्र पर हृदय के रोग होने को दर्शाता है।

❄ हृदय रेखा पर अनेक क्रॉस बार (Cross Bar) यह बताते हैं कि जातक को प्यार में कई बार हताशा का सामना करना होगा।

❄ यदि इस रेखा को बुध क्षेत्र में क्रॉस की कोई शाखा काटे, इससे प्रकट होता है कि व्यक्ति को उस काल में व्यापार से हानि होगी।

❄ हस्तरेखा के सामान्य नियम के अनुसार हृदय रेखा पर शुभ चिह्न (जैसे चतुष्कोण, त्रिकोण आदि) रोग तथा प्रेम में असफलता होने को रोकते हैं, और अशुभ प्यार में दु:ख, नाकामयाबी, रोग आदि का कारण बनते हैं।

❄ हृदय रेखा जहाँ भाग्य रेखा से कटती है, उस स्थान पर किसी भी अशुभ चिह्न का होना जातक को प्यार के कारण आर्थिक संकट में पड़ना प्रकट करता है।

❄ हृदय रेखा जब बुध क्षेत्र में जाकर उसे अपनी गोलाई में ले और वही उसका (कनिष्ठिका अँगुली के नीचे) अन्त हो जाये, साथ ही मस्तिष्क रेखा अच्छी हो तो ऐसा व्यक्ति परामनोविज्ञान, मन्त्रशक्ति आदि में पारंगत होता है।

❄ हृदय रेखा से निकलकर एक रेखा बुध क्षेत्र तक जाये, मुख्य रेखा अपनी राह पर अग्रसर रहे, इससे गुप्त प्रणय सम्बन्ध तथा फिर उनकी समाप्ति पता चलता है।

❄ हथेली के दूसरी ओर, कनिष्ठिका अँगुली के नीचे हृदय रेखा समाप्त हो रही हो, कोई अंकुश पतली रेखाएँ, शाखाएँ आदि नहीं निकलती हों, ऐसी स्थिति में जातक सन्तानहीन रहता है या उसकी नसबन्दी/नलबन्दी हो चुकी होती है।

अध्याय-१४

हृदय, मस्तिष्क और विवाह रेखाएँ

विवाह जीवन की एक अत्यन्त महत्त्वपूर्ण घटना है जो हमारे भावी जीवन के प्रत्येक क्षेत्र को प्रभावित करती है। हमारे देश में प्राचीन काल से विवाह की संस्था को सबसे महत्त्वपूर्ण स्थान दिया जाता रहा है क्योंकि इससे पारिवारिक सम्पत्ति, सन्तान का जन्म, उनका लालन-पालन, वृद्ध माता-पिता की सेवा-शुश्रूषा के अनेक पेंचीदा प्रश्न जुड़े हैं। इसमें धर्म, जाति तथा देश की भिन्नता का विषय भी शामिल होता है। वस्तुतः विवाह और प्रणय सम्बन्धों (Sexual Relations) का व्यक्ति के जीवन, मस्तिष्क और हृदय तीनों से सम्बन्ध है। अतः इनकी रेखाएँ-मस्तिष्क, हृदय, जीवन रेखा तथा विवाह पर एक साथ विचार करना अत्यधिक आवश्यक है। यही नहीं वरन् शुक्र क्षेत्र व शुक्र मेखला का प्रभाव भी विवाह पर पड़ता है।

एक मुख्य बात और, आज के पूँजीवादी, जनतान्त्रिक और विश्व कुटुम्ब (Global Village) के विचारों से प्रेरित मानव समाज में विवाह सम्बन्धी मान्यताएँ, रिवाज आदि काफी बदल चुके हैं। आज बहुत से विवाह अन्तर्जातीय ही नहीं अन्तर्राष्ट्रीय भी होने लगे हैं। भिन्न-भिन्न धर्मावलम्बी भी इस मधुर बन्धन में बँध रहे हैं। इसके अतिरिक्त विवाह की रस्मों और रीति-रिवाजों की उपेक्षा करते हुए ऐसे हजारों लोग हैं जो 'लिब-इन' रिलेशनशिप में स्वेच्छा से बँधे हैं। यद्यपि यह सब एक ऐसे वर्ग तक सीमित है जो बहुत धनवान तथा शिक्षित हैं, लेकिन समाज में उनका महत्त्वपूर्ण स्थान/पद हैं। पूरे समाज को देखते हुए आज भी उपर्युक्त प्रकार के विवाहों तथा 'लिव-इन' रिलेशन्स की संख्या बहुत कम है परन्तु हस्तरेखा शास्त्र की दृष्टि से हमें उनका ख्याल तो रखना ही पड़ेगा। इसके साथ ही विवाह और तलाक सम्बन्धी कानून भी आपसी प्रेम के इस कोमल पर सशक्त सम्बन्ध को प्रभावित करते हैं।

कनिष्ठा अँगुली के नीचे पायी जाने वाली पतली व महीन रेखाएँ विवाह रेखाएँ कही जाती हैं। मैग्नीफाइंग ग्लास से देखने पर ये स्पष्ट दिखती हैं। विवाह रेखाएँ (बिहारी सतसई) नाविक के तीरों की तरह हैं जो

"सतसइया के दोहरे ज्यों नावक के तीर,
देखन में छोटे लगें, घाव करें गम्भीर।"

यही नहीं वरन् हाथ में ऐसी कोई रेखा नहीं जो सूक्ष्म या अपरोक्षरूप में विवाह रेखा या वैवाहिक जीवन पर प्रभाव नहीं डालती हो। यह तथ्य सैकड़ों रेखाओं को देखने के बाद पाठकों के हित के लिए लिख रहा हूँ। पहली बात यह जान लें कि कनिष्ठा के नीचे बनी स्पष्ट और कुछ बड़ी रेखाएँ ही विवाह की सूचक है (चित्र संख्या-16जी) और विवाह का प्रभाव भाग्य रेखा आदि पर भी स्पष्ट रूप से देखा जा सकता है। छोटी विवाह रेखा केवल प्यार में गहराई से पड़ने का संकेत होती है। (चित्र संख्या-16एच), शादी का नहीं। 'लिव-इन' रिलेशन भी अगर लम्बा और अच्छा चलने वाला है, एक ऐसा सम्बन्ध जिसमें दोनों जीवनसाथी एक-दूसरे के सुख-दुःख में साथ निभाते हैं तो वह भी भी लम्बी विवाह रेखा के रूप में अंकित होगा। छोटी विवाह रेखाएँ गहरे प्रणय की सूचक होती हैं।

एक शुभ और अच्छा विवाह हथेली में चन्द्रपर्वत की ओर से आकर मिलने वाली रेखा से होता है। यह ऊपर की ओर उठती हुई भाग्य रेखा से संगम करती है। इस काल बिन्दु (Point of Time) पर कनिष्ठिका के नीचे बगल में एक स्वस्थ विवाह रेखा होती है। (देखें चित्र संख्या-17-ह-ह) परन्तु अगर चन्द्रमा से आती यह रेखा भाग्य रेखा को काट दे तो यह सच्चे प्यार को नहीं दर्शाती। यदि चन्द्र पर्वत से आती प्रभावी रेखा भाग्य रेखा से अधिक शक्तिशाली है तो जातक का जीवनसाथी उससे अधिक प्रभावशाली रहेगा।

नई पीढ़ी के युवाओं के सम्मुख सबसे बड़ी चुनौती उन लोगों की होती है जो जाति-बिरादरी से बाहर शादी करने का विरोध करते हैं। इस प्रकार के विरोध में युवक-युवतियों को बदनाम करने और उनके विवाह को रोकने के प्रयत्न किये जाते है। हथेली में इस प्रकार के विरोध का प्रतीक दूसरी रेखा (अर्थात् मंगल रेखा) और सूर्य रेखा को काटने वाली रेखाएँ होती हैं। (चित्र संख्या-15-ह-ह)।

इस प्रकार की उपर्युक्त रेखा हथेली को पारकर जब विवाह रेखा को छूती है तो इसके अर्थ होते हैं कि जातक का तलाक हो जायेगा। इस रेखा में द्वीप का होना बदनामी होने का संकेत देता है।

- ❋ किसी महिला के हाथ में मंगल पर्वत (नीचे वाला, शुक्र के ऊपर स्थित) से नीचे आकर कोई रेखा जीवन रेखा का स्पर्श करे या काटे तो इसके अर्थ होते हैं कि उस महिला के प्रारम्भिक जीवन में कोई प्रेम प्रसंग है जिसने उसे काफी कष्ट और परेशानी दी।
- ❋ शुक्र क्षेत्र से यदि अनेक रेखाएँ आकर जीवन रेखा का स्पर्श करें, इसका आशय है कि व्यक्ति के जीवन में उतने ही प्रेम प्रसंग होंगे। उनका असर उसके मन पर पड़ेगा।

※ शुक्र क्षेत्र में किसी अशुभ चिह्न से शुरू होने वाली पतली रेखा, शनि क्षेत्र में काँटे (Cross) के रूप में समाप्त हो तो विवाह बन्धन दु:खपूर्ण होता है, और शीघ्र खत्म हो सकता है।

※ शुक्र क्षेत्र से प्रारम्भ होने वाली रेखा मस्तिष्क रेखा पर तारे के रूप में समाप्त हो तो यह व्यक्ति के किसी अत्यन्त प्रिय पात्र की मृत्यु तथा उसके शोक के कारण हृदय पीड़ा का संकेत होता है।

※ ऐसी रेखा शुक्र क्षेत्र में द्वीप से शुरू हो और जीवन रेखा से आगे निकल जाये, यह गुप्त प्रेम को प्रकट करती है। यदि यह रेखा भाग्य या सूर्य रेखा में मिल जाये तो ऐसा प्रेम खराब प्रभाव नहीं देगा परन्तु यदि यह रेखा भाग्य और सूर्य रेखा को काटती हो तो व्यक्ति को अपयश और हानि देती है। इसका विवाह रेखा से मिलना अत्यधिक दु:खद होगा।

※ सीधी, स्पष्ट और अशुभ चिह्न से विहीन विवाह रेखा सुखी विवाहित जीवन दर्शाती है। इसके साथ चन्द्र पर्वत से आकर भाग्य रेखा में मिलने वाली रेखा, भाग्य रेखा में मिलने के बजाय उसके साथ-साथ पास में ही चले। यह पति-पत्नी के बीच पूरा सहयोग दर्शाता है। (चित्र संख्या-18एम)।

※ विवाह रेखा हथेली पर नीचे की ओर मुड़ गयी हो तो उससे जीवनसाथी के मृत्यु होने का संकेत मिलता है। (चित्र संख्या-17-जे) विवाह रेखा का यह मोड़ हृदय रेखा के पास तक जाता है।

※ विवाह रेखा का हथेली में अन्दर की ओर छोटी-सी दो रेखाओं में विभाजित होना पति-पत्नी के अलगाव को प्रकट करता है पर यह तलाक की सूचना नहीं देता (चित्र संख्या-10एन)।

※ यदि विवाह रेखा हथेली के (बाहर की ओर) शुरू मे काँटेदार हो तो विवाह से पहले ही संकटों तथा अलगाव का सामना करना पड़ता है। चित्र संख्या 22 के अनुसार विवाह रेखा काँटे की तरह विभाजित हो गयी हो और उसमें से एक रेखा निकलकर नीचे हृदय रेखा और जीवन रेखा को काटकर अँगूठे की जड़ तक पहुँच गयी हो, यह तलाक का संकेत है। (चित्र संख्या-22)।

※ विवाह का भयानक अन्त-विवाह रेखा जब काँटे के रूप में खत्म होती हो और उसमें से एक रेखा हृदय रेखा को काटकर नीचे की ओर चली गयी हो तो यह बहुत दु:खद वैवाहिक सम्बन्ध प्रकट करती है। जातक के लिए ऐसे मामलों में तलाक हो जाये तो बहुत अच्छा वरना इसका अन्त पति-पत्नी दोनों के लिए खतरनाक हो सकता है (चित्र संख्या-23)।

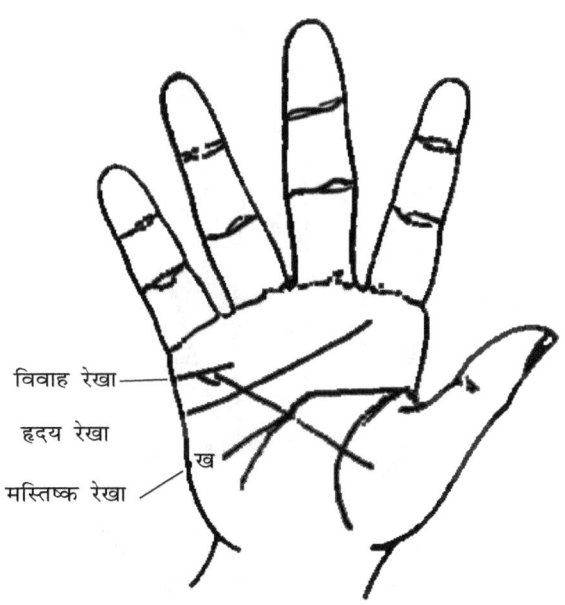

चित्र संख्या-22

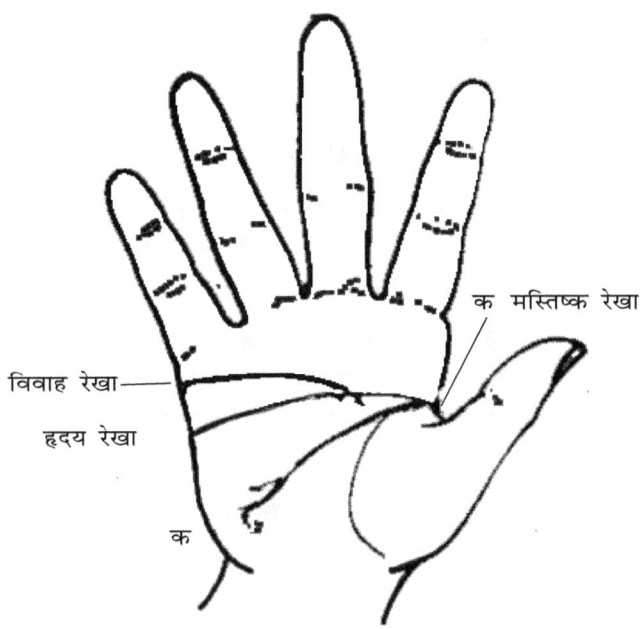

चित्र संख्या-23

हृदय, मस्तिष्क और विवाह रेखाएँ

❋ जब विवाह रेखा एक अन्य रेखा के साथ मिलकर हृदय रेखा और मस्तिष्क रेखा को काटती हो तो पति-पत्नी के बीच धार्मिक मतभेद झगड़े का कारण बनते हैं (चित्र संख्या-24)।

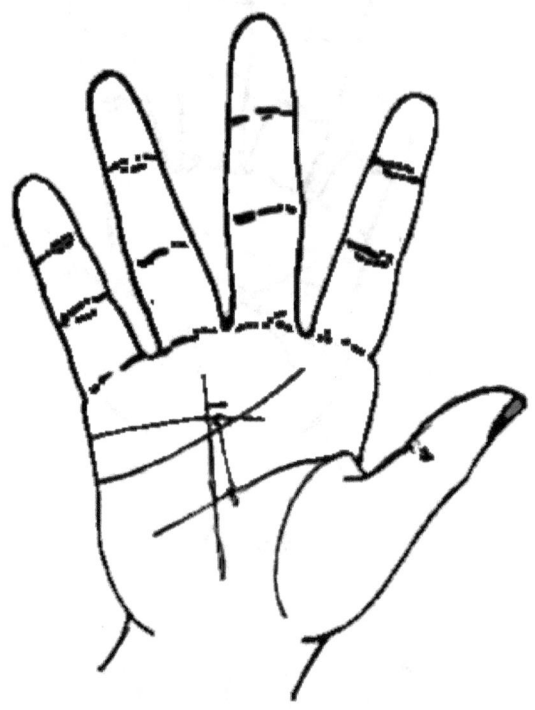

चित्र संख्या-24

❋ विवाह रेखा पर द्वीप हो और रेखा नीचे घूमकर हृदय रेखा का स्पर्श करे या काटे, यह वैवाहिक साथी की मृत्यु, लम्बे दु:ख और भयानक दुर्भाग्य का संकेत है। (चित्र संख्या-26)।

❋ विवाह रेखा से एक रेखा निकलकर अनामिका अँगुली (Ring Finger) के नीचे तक जाये और सूर्य रेखा से मिल जाये या स्पर्श करे ऐसे जातक के लिए विवाह सफलता और धन लाभ लाता है। ऐसा जातक प्रसिद्ध महिला/पुरुष से विवाह करता है। (चित्र संख्या-25)।

❋ विवाह रेखा का अन्त काँटें में होता हो और उससे एक रेखा बाहर निकलकर सूर्य रेखा (Line of Sun) पर एक नन्हा-सा द्वीप बनाती हो तो जातक के विवाह का अन्त अपमान व सामाजिक प्रतिष्ठा की हानि में होता है। (चित्र संख्या-26)।

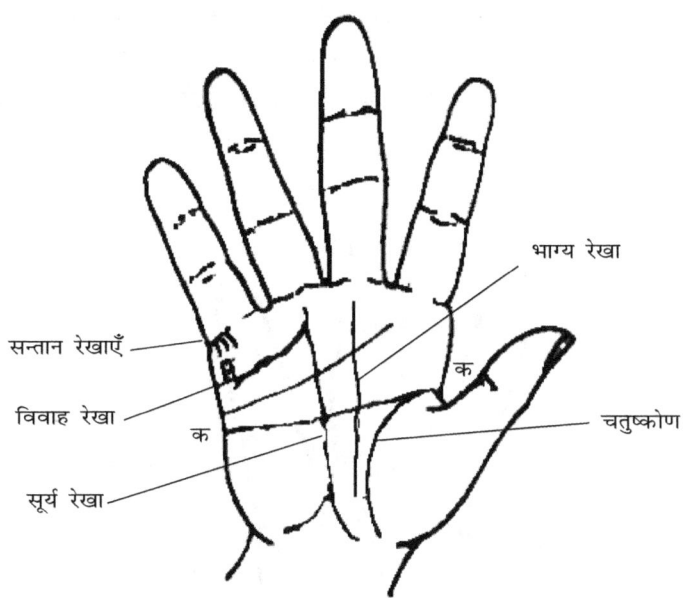

चित्र संख्या-25 : विवाह रेखा जो एक रेखा की मदद से सूर्य रेखा पर मिलती है

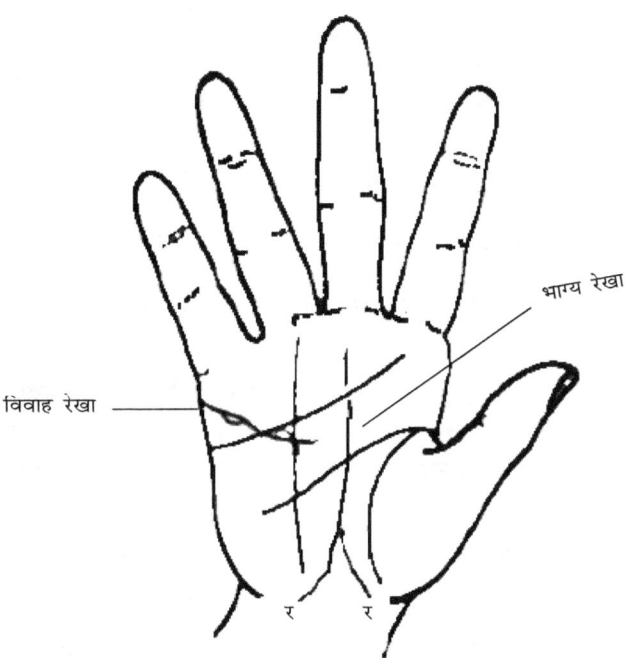

चित्र संख्या-26 : विवाह रेखा के काँटे से निकलती रेखा जो सूर्य रेखा पर द्वीप बनाती है।

हृदय, मस्तिष्क और विवाह रेखाएँ

❋ जब विवाह रेखा द्वीप से शुरू हो और बाद में स्पष्ट तथा सीधी हो जाये तो इससे प्रारम्भ में धन लोभ और वैवाहिक कठिनाइयों का संकेत होता है पर बाद में सब कुछ सही रूप में आ जाता है। (चित्र संख्या 27)।

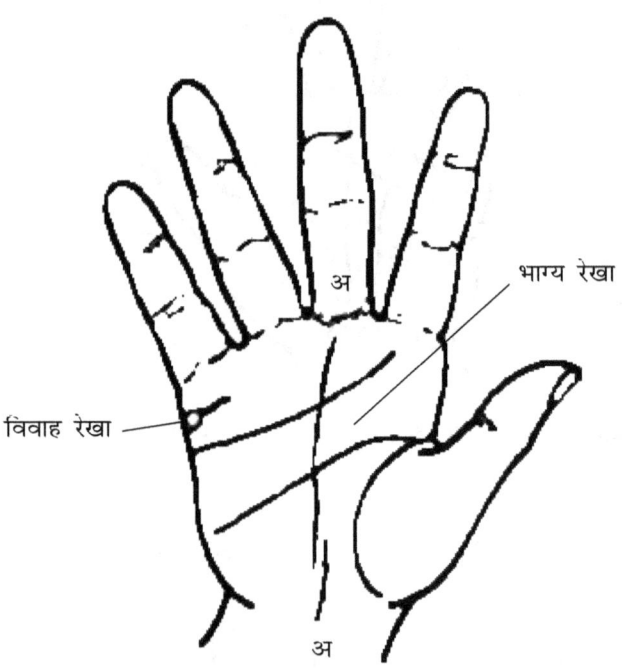

चित्र संख्या-27 : द्वीप से शुरू होने वाली विवाह रेखा

❋ विवाह रेखा बहुत छोटी हो और अन्त में ऊपर की ओर मुड़ गयी हो ऐसे जातक का विवाह नहीं होता। (चित्र संख्या 10अ)।

❋ जब शुक्र मेखला (Girdle of Venus) हथेली के कोने में स्थित हो और वह विवाह रेखा के पार चली गयी हो तो ऐसे लोगों का स्वभाव जल्दी-जल्दी बदलने वाला होता है। यह विवाहित जीवन को दुःखी बना देता है।

❋ टूटी और छोटे-छोटे टुकड़ों में बँटी रेखा (शुक्र मेखला) का प्रभाव मस्तिष्क को उन्मादी बना देता है, इसका असर भी विवाहित जीवन पर खराब पड़ता है।

❋ नन्हे-नन्हे द्वीपों या क्रॉस से भरी विवाह रेखा अत्यधिक दुःखदायक होती है, बेहतर है कि जातक विवाह के चक्कर में नहीं पड़े। विवाह रेखा से नीचे गिरने वाली अनेक पतली रेखाएँ भी यही दुःखद सन्देश देती है।

- विवाह रेखा में ऊपर से आकर उसे काटने वाली रेखा या रेखाओं का होना विवाह में आने वाली रुकावटों और विरोधों को दर्शाता है।
- विवाह रेखा का मध्य में दो टुकड़ों में टूट जाना विवाहित जीवन में अचानक होने वाले अवरोध (रुकावट) का संकेत है।
- जातक के विवाह करने के बाद उसका साथी (पति-पत्नी) अस्वस्थ और रोगी रहेगा, यह तथ्य उसकी स्पष्ट विवाह रेखा से बाल-सी पतली रेखाएँ निकलकर हृदय रेखा पर गिरने से प्रकट होता है।
- जब विवाह रेखा नीचे की ओर एक छोटे क्रॉस के साथ घूमे तो जातक का जीवनसाथी/साथिन दुर्घटना ग्रस्त होता है।
- अगर विवाह रेखा लम्बे घुमाव के साथ नीचे जाये तो जातक का साथी (Life Partner) लम्बी बीमारी से ग्रस्त रहेगा।

विवाह की आयु

स्पष्ट विवाह रेखा जो कुछ लम्बी हो हृदय रेखा के अधिक निकट होगी, तो मिलन 14 से 21 वर्ष की आयु में, 22 से 28 वर्ष की आयु में अगर कनिष्ठिका (Little Finger) और हृदय रेखा के मध्य में विवाह रेखा हो। विवाह या लिव-इन सम्बन्धों (Live In Relations) का सही समय चन्द्र पर्वत से आकर भाग्य रेखा के साथ चलने वाली या भाग्य रेखा से मिलने वाली रेखा से होता है।

सन्तान रेखाएँ

भारतीय हस्तरेखा शास्त्र के अनुसार अँगूठे के जोड़ के नीचे बाहरी बगल में, शुक्र पर्वत पर बनी रेखाएँ सन्तान रेखाएँ होती है। इनमें से गहरी, कुछ चौड़ी लम्बी और स्पष्ट रेखाएँ पुत्रों की, पतली कम लम्बी पर स्पष्ट रेखाएँ पुत्रियों की होती हैं।

आधुनिक हस्तरेखा शास्त्र के अनुसार जिसे कीरो और भारतीय हस्तरेखा शास्त्री भी मानते हैं, कनिष्ठिका अँगुली के नीचे स्थित विवाह रेखा से निकलकर ऊपर खड़ी रेखाएँ सन्तान रेखाएँ होती हैं। इन्हें केवल अच्छी क्वालिटी के आतशी शीशे (Magnifying Glass) या सूक्ष्मदर्शी (Microscope) से ही देखा जा सकता है।

चौड़ी रेखाएँ पुत्रों को और बहुत पतली रेखाएँ पुत्रियों की होती है। भारतीय हस्तरेखा शास्त्र के अनुसार शुक्र पर्वत का उचित रूप से उठा होना, पहले मणिबन्ध में बड़ा द्वीप या मेहराब नहीं होना सन्तोनोत्पत्ति की शक्ति के लिए आवश्यक है। इसे आधुनिक पॉमिस्ट (Palmist) भी मानते हैं।

अध्याय-१५

धन-सम्पत्ति और कैरियर

भाग्य रेखा (The Line of Fate)

भाग्य के अजीबो-गरीब चक्र के अर्थों को बताने वाली इस भाग्य रेखा को कुछ विद्वान शनि रेखा (Saturnian) भी कहते हैं।

इसका प्रारम्भ जीवन रेखा से कलाई के ऊपर से (चित्र संख्या-18, फ-फ) मस्तिष्क अथवा हृदय रेखा से या चन्द्र पर्वत से हो सकता है। यह कहीं से भी निकले पर इसका लक्ष्य शनि क्षेत्र पर पहुँचना होता है।

भाग्य रेखा के फल हाथ के आकार-प्रकार पर विशेष रूप से निर्भर करते हैं। दार्शनिक, सूच्याकार और अतीन्द्रिय हाथ के आकारों में दिखती भाग्य रेखा का फल उतना अच्छा नहीं होता जितना वर्गाकार, चपटे और प्राथमिक आकारों के हाथों में। मान लीजिए, आप एक दार्शनिक हाथ में एक अच्छी भाग्य रेखा देखते हैं परन्तु उसी प्रकार की अच्छी भाग्य रेखा चपटे हाथ में दोगुना शुभ फल देने वाली होती है। इसका एक कारण यह हो सकता है कि वर्गाकार, चपटे और प्राथमिक प्रकार के हाथों के लोग भाग्य से कहीं अधिक कर्मों पर विश्वास करते हैं जबकि दार्शनिक (Philosophic), सूच्याकार (Conic) तथा अतीन्द्रिय हाथ (Psychic) वाले लोग अधिकतर भाग्यवादी या भगवानवादी होते हैं। उनका विश्वास होता है कि "हमारे भाग्य में जो लिखा है वही होगा" या "भगवान की जो मर्जी होगी वही होगा।"

आधुनिक वैज्ञानिक युग ने यह सिद्ध करके दिखा दिया है कि यदि मनुष्य पूरे दिलो-दिमाग से किसी नामुमकिन काम को भी पूरा करने में लग जाये तो वह भी कर्म की शक्ति से सम्भव हो जाता है। नब्बे प्रतिशत से अधिक मामलों में यह धारणा सही सिद्ध होती है। यदि ऐसा न होता तो कृत्रिम उपग्रह बनाना तथा चाँद पर इनसान का उतरना सम्भव नहीं हो पाता। इसी सत्य को हम दूसरे शब्दों में इस प्रकार कह सकते हैं कि "हमारे कर्मों से ही हमारे भाग्य का निर्माण होता है।"

आइए! इस कटु सत्य को जानने के बाद हम भाग्य रेखा के अर्थों को समझकर अपने कर्मों को उसके आधार पर और बेहतर बनायें।

जीवन में हमें जो भी सांसारिक सफलता, असफलता, रुकावटें, सीमाएँ, कैरियर (Career) को प्रभावित करने वाले लोग, लाभ-हानि आदि बातें हमारी भाग्य रेखा बताती है। लेकिन भाग्य रेखा हाथ में पूरी तरह नहीं हो या बहुत हल्की या बहुत छोटी हो तो ऐसी दशा में सूर्य रेखा/विद्या रेखा द्वारा उस पर भाग्य रेखा के नियमानुसार भाग्यफल निकालना चाहिए। प्राय: भाग्य रेखा विहीन लोग अपने भाग्य को अपने शुभ कर्मों द्वारा बनाने वाले होते हैं। परन्तु वे सुख-दु:ख के विचारों और भावों को अनुभव करना छोड़ चुके होते हैं।

- सूर्य रेखा के साथ ही यह देखना भी आवश्यक है कि हाथ किस आकार-प्रकार का है और उसमें अन्य शुभ-अशुभ चिह्न कितने और कैसे हैं।
- कलाई से निकलकर सीधे शनि पर्वत पर पहुँचने वाली रेखा अत्यधिक धन, सौभाग्य तथा सफलता मिलने का संकेत करती है।
- यदि भाग्य रेखा का प्रारम्भ जीवन रेखा में से हो रहा है और वह उस बिन्दु के बाद से शक्तिशाली दिखती है, इसका आशय है कि जातक धन-सम्पदा तथा सफलता अपने प्रयत्नों द्वारा प्राप्त करेगा। लेकिन यदि भाग्य रेखा हथेली के नीचे से जीवन रेखा के साथ जुड़ी चली आ रही है तो यह सूचित करता है कि जातक के जीवन का प्रारम्भिक भाग माता-पिता या निकट के रिश्तेदारों के कारण कठिनाइयों तथा आर्थिक संघर्ष में गुजरेगा। (चित्र संख्या-18, फ-फ)।
- चन्द्र पर्वत से आकर एक रेखा भाग्य रेखा में आकर मिलती हो तो किसी दूसरे व्यक्ति की इच्छा का सशक्त प्रभाव उस पुरुष या स्त्री पर पड़ेगा। इससे उसे जीवन में उन्नति करने में सहायता मिलेगी। यदि किसी महिला के हाथ में उपर्युक्त रेखा, भाग्य रेखा के समीप आकर उसके साथ-साथ चले तो उस महिला को किसी प्रभावशाली या धनवान पुरुष की सहायता मिलेगी, इस पुरुष से उसका विवाह भी हो सकता है, बशर्ते उसी समय में विवाह रेखा भी हो।
- यदि भाग्य रेखा चन्द्र पर्वत से उदय हो रही हो और सीधे शनि पर्वत पर जा रही हो तो यह दर्शाती है कि उसका सौभाग्य अन्य लोगों की पसन्द और इच्छा पर निर्भर करेगा। ऐसी रेखा प्राय: उन लोगों के हाथ में पायी जाती है जिनका केरियर आम लोगों की पसन्द पर निर्भर करता है, जैसे जन-कलाकार भाषणकर्ता, नेता आदि।
- यदि भाग्य रेखा शनि पर्वत की बजाय किसी अन्य पर्वत पर जाती है तो उस पर्वत की स्थिति के अनुसार व्यक्ति को अच्छी सफलता मिलेगी।

- ❋ शनि की ओर यात्रा करने वाली भाग्य रेखा से निकलकर कई शाखाएँ किसी विशेष पर्वत की ओर जा रही हैं तो उस पर्वत के गुण जातक के जीवन को सबसे अधिक प्रभावित करेंगे। लेकिन यह प्रभाव इससे पहले बतायी गयी स्थिति के प्रभाव से कम होता।
- ❋ जब भाग्य रेखा शनि पर्वत की अँगुली (मध्यमा–Middle Finger) के प्रथम पोर पर पहुँच जाये तो यह एक अशुभ संकेत है। ऐसे नेता या औद्योगिक घराने के स्वामी को अन्त में अपने ही अनुयायियों या अधीनस्थ अधिकारियों के तख्तापलट विरोध का सामना करना पड़ेगा।
- ❋ यदि भाग्य रेखा शनि पर्वत पर पहुँचकर फिर बृहस्पति पर्वत (Mount of Jupiter) पर जाये तो यह एक बहुत शुभ लक्षण है। ऐसे जातक को अपनी महत्त्वाकांक्षाओं से भी महान सफलता प्राप्त होती है।
- ❋ जिस काल अवधि में भाग्य रेखा से निकलकर कोई शाखा बृहस्पति की ओर जायेगी, उस समय जातक को सामान्य से भी अधिक सफलता मिलेगी।
- ❋ यदि भाग्य रेखा मंगल के क्षेत्र से निकलती है, उससे पहले नहीं तो यह व्यक्ति के प्रारम्भिक जीवन (यौवनावस्था के प्रारम्भ) में कठिनाइयों और संघर्ष भरा जीवन होने का संकेत है। यदि मंगल क्षेत्र में उदय होने के बाद भाग्य रेखा शनि क्षेत्र तक जाती है तो शेष जीवन बेहतर व सुखद रहेगा। ऐसी रेखा प्रायः उन लोगों के हाथों में पायी है जो स्वयं अपने परिश्रम तथा बुद्धिबल से कैरियर बनाते हैं।
- ❋ भाग्य रेखा का हृदय रेखा द्वारा रोका जाना, यह प्रकट करता है कि किसी के प्रेम या स्नेहवश सौभाग्य असमय नष्ट हो जायेगा अथवा सफलता में बड़ी बाधा आयेगी। यदि इसके बाद भाग्य रेखा फिर से हृदय रेखा से निकलकर, शनि पर्वत पर पहुँचती है तो यह जातक के लिए पुनः सुख तथा शुभ भाग्य लायेगा। इसकी प्रेरणा उनका (पति–पत्नी) आपसी प्यार या स्नेह ही होगा।
- ❋ हमने अभी यह जाना कि यदि प्रेम में सच्चाई हो तो वह एक और जहाँ उन्नति में बाधा डालता है, वहीं दूसरी ओर कर्म करने की प्रेरणाशक्ति बनकर बड़ी सफलता भी प्रदान करता है। इसके साथ अब यह जानना और अधिक महत्त्वपूर्ण होगा कि हमारा मनोमस्तिष्क अपनी गलती से किस प्रकार अपने पैरों में खुद कुल्हाड़ी मार लेता है। ऐसा दुर्भाग्य उस समय आता है जब भाग्य रेखा की प्रगति को मस्तिष्क रेखा द्वारा रोक दिया जाता है। ऐसा दुर्भाग्य जातक की अपनी किसी बड़ी गलती अथवा

मूर्खता के कारण हो सकता है। सुख-सौभाग्य पाने के लिए ऐसे व्यक्ति को स्वयं अपनी आदतों, स्वभाव आदि का निरीक्षण कर ऐसी बाधा को दूर करना आवश्यक है।

❋ यदि भाग्य रेखा हथेली में बहुत देर से शुरू होती है तो वह हृदय रेखा से निकलती है। ऐसे जातक को जीवन में बहुत समय तक संघर्षों का सामना करने के बाद कामयाबी मिलती है। लगभग यौवन काल के बाद।

❋ भाग्य रेखा का मस्तिष्क रेखा से उदय होना प्रारम्भिक यौवन काल में संघर्ष, परिश्रम और कठोर जीवन का परिचायक है। ऐसा व्यक्ति अपने सतत प्रयत्नों और प्रतिभा के बल पर सफलता की जयमाला पहनता है। ऐसे सफल व्यक्ति अपनी गलतियों से शिक्षा लेने वाले और कमजोरियों को ताकत में बदल देने वाले होते हैं।

❋ भाग्य रेखा का बृहस्पति पर्वत (Mount of Jupiter) के केन्द्र पर पहुँचना बहुत शुभ संकेत है। ऐसे जातक को विशिष्ट सत्ता, शक्ति और सफलता मिलती है। ऐसे व्यक्तियों में दृढ़निश्चय, महत्त्वाकांक्षा और उन्नति करने की ऊर्जा (Energy) पायी जाती है।

❋ भाग्य रेखा टूटी होना, जंजीरदार होना या लहरदार होना यह प्रकट करता है कि जातक के जीवन में सफलता-असफलता की आँख मिचौनी का खेल बराबर चलता रहेगा। जिस अवधि में रेखा टूटी होगी, या लहर नीची होगी जातक को किसी रूप में हानि मिलेगी, रेखा की अच्छी अवस्था होने पर लाभ। भाग्य रेखा के टूटी होने पर, अगर टूटी रेखा के ऊपर से दूसरी रेखा शुरू हो जाती है और वह सशक्त है तो व्यक्ति के कैरियर में उसकी इच्छानुसार शुभ परिवर्तन होगा। (चित्र संख्या-27अ-अ)।

❋ भाग्य रेखा की एक शाखा चन्द्र पर्वत के आधार से आ रही हो और दूसरी शुक्र पर्वत के आधार से ऐसे व्यक्ति का भाग्य कल्पना और प्रणय वासना के बीच झूलता रहता है (चित्र संख्या-26र-र)।

❋ यह स्पष्ट है कि भाग्य रेखा का टूटी होना वहाँ वर्ग (Square), चतुष्कोण या कोई शुभ चिह्न नहीं होना दुर्भाग्य का संकेत है।

❋ चतुष्कोण या वर्ग का भाग्य रेखा पर होना जातक को धन या व्यापार में होने वाली हानि से बचाता है। यदि चतुष्कोण मंगल के क्षेत्र में भाग्य रेखा के समीप हो और जीवन रेखा के बाद हो तो घरेलू जीवन से सम्बन्धित दुर्घटना से रक्षा करता है।

❖ भाग्य रेखा पर क्रॉस (Cross) होना दुर्भाग्य का प्रतीक है। इससे जातक के व्यापार अथवा नौकरी में हानिकारक परिवर्तन आ सकता है।

❖ भाग्य रेखा पर द्वीप (Island) होना विपत्ति, बड़ी आर्थिक हानि या दुर्भाग्य का सूचक माना जाता है। यदि चन्द्र पर्वत (Mount of Luna) से आती कोई रेखा इस द्वीप में मिल रही हो तो ऐसा व्यक्ति अपने विवाह सम्बन्धों के कारण अथवा घनिष्ठ मित्रों के कारण दुर्भाग्य का पात्र बनता है।

❖ छोटी-छोटी और पतली पड़ी रेखाओं (Crossbar) द्वारा भाग्य रेखा को काटना आर्थिक उन्नति में बाधा आने का सूचक है। क्रॉस बार और भाग्य रेखा में से जो अधिक स्पष्ट हो उसे अधिक प्रभावशाली समझें।

❖ भाग्य रेखा से निकलकर हथेली के नीचे की ओर जाने वाली पतली रेखाएँ व्यक्ति के जीवन में कष्ट, बाधायें तथा कठिनाइयाँ बताती हैं।

❖ जो रेखाएँ भाग्य रेखा से निकलकर ऊपर की ओर गृहक्षेत्र की ओर जाती हैं, वे शुभ होती है। ये उन्नति होने की सम्भावना प्रकट करती है।

❖ यदि भाग्य रेखा से पतली-पतली रेखाएँ नीचे की ओर आ रही हो और उसी काल या समय में मस्तिष्क रेखा पर द्वीप हो, यह प्रकट करता है कि दुर्भाग्य का कारण मनोमस्तिष्क का कोई विकार है। यदि द्वीप हृदय रेखा पर हो तो इसका कारण जातक का कोई प्रेम या दमित भावावेग हो सकता है।

जीवन रेखा, हृदय रेखा तथा मस्तिष्क रेखा, इन तीनों का परस्पर सम्बन्ध होता है। कोई बाधा, रोग या मनोविकार होने पर वह इन तीनों पर अशुभ चिह्नों के रूप में प्रकट होता हैं।

दोहरी भाग्य रेखा: यह एक बहुत शुभ संकेत है। दोहरी भाग्य रेखा वाला जातक शक्तिशाली हृदय वाला व्यक्ति माना जाता है क्योंकि एक रेखा की टूट-फूट या विकार दूसरी रेखा द्वारा दूर होते रहते हैं। दूसरी रेखा अगर मुख्य भाग्य रेखा की शाखा से निकले और सूर्य पर्वत के पास तक जाये तो व्यक्ति को धन तथा यश दोनों प्राप्त होते हैं।

भाग्य रेखा का अन्त

शनि पर्वत पर सितारा/तारा (Star) हो और भाग्य रेखा का उस पर अन्त होता हो तो ऐसा व्यक्ति यशवान होता है। उसका जीवन नाटकीयता भरा होता है। ऐसे व्यक्ति को अन्त में अचानक पक्षाघात हृदयाघात हो सकता है जो उसकी मृत्यु का कारण बने।

- यदि भाग्य रेखा के अन्त में क्रॉस (Cross) हो तो जातक दुर्घटना या अन्य हिंसापूर्ण कारण से मृत्यु को प्राप्त होता है।
- भाग्य रेखा का शनि अँगुली (Middle Finger) के तीसरे पोर पर समाप्त होना आजीवन कैद, या अप्रतिष्ठापूर्ण मृत्यु लाने वाला हो सकता है।
- भाग्य रेखा का शनि क्षेत्र की अँगुली प्रथम पोर से कुछ पहले तक सही स्थिति में पहुँचना, यह बताता है कि जातक जीवन के अन्त तक कुछ न कुछ अर्थोपार्जन करता रहेगा। यदि अन्त में भाग्य रेखा दो भागों में बँट जाती है तो उसे दो स्रोतों से धनलाभ होगा। भाग्य रेखा का अन्त काँटें (द्विमुखी या V) आकार में होना शुभ है।
- भाग्य रेखा का सूर्य क्षेत्र में समाप्त होना अथवा भाग्य रेखा से निकली शाखा का वहाँ पहुँचकर अन्त होना, जातक को साहित्य, कला और लेखन के क्षेत्र में प्रसिद्ध होना दर्शाता है।
- इस रेखा का बुध क्षेत्र में समाप्त होना (यदि रेखा पूरी तरह स्वस्थ हो), जातक का व्यापार या दुकानदारी के क्षेत्र में सफल होना बताता है।
- हृदय रेखा पर रुक जाने वाली भाग्य रेखा हृदय की कमजोरी या रोग से आय (Income) का घटना प्रकट करती है।
- शनि पर्वत पर जाली (Grill) हो और भाग्य रेखा उसमें या उसके बहुत पास समाप्त होती हो, तो जातक की आय/आमदनी के स्रोत कम होने लगते हैं।
- भाग्य रेखा का अन्त शनि पर्वत पर त्रिशूल के आकार में या अँग्रेजी के V अक्षर के रूप में समाप्त होना एक से अधिक स्रोतों से आय होना बताता है। यह व्यक्ति को सामाजिक प्रतिष्ठा भी प्रदान करता है।

अध्याय-१६

सूर्य या विद्या रेखा (The Line of Sun or Apollo)

इस रेखा को जो सूर्य पर्वत तक जाती है, अँग्रेजी में 'लाइन ऑफ सन ऑर अपोलो' कहते हैं। भारतीय हस्तरेखा शास्त्र में इसको 'विद्या रेखा' भी कहा जाता है। सूर्य क्षेत्र या पर्वत तक पहुँचने के कारण ही इसको मुख्य रूप से 'सूर्य रेखा' कहते हैं। जिस प्रकार सूर्य का प्रकाश धरती को अपनी किरणों से जगमगा देता है उसी प्रकार यह रेखा मनुष्य के व्यक्तित्व और भाग्य को एक नया तेज देती है। विद्या या ज्ञान भी हमारे अज्ञान को दूर कर हमें नयी जानकारियों का प्रकाश प्रदान करता है। लेकिन वही ज्ञान हमारी शक्ति बनता है जिसका उपयोग करने की शक्ति या संयम हममें हो। इसी दृष्टिकोण के कारण सूर्य रेखा का सबसे लाभदायक उपयोग वर्गाकार और चपटा हाथ वाले व्यक्ति करते हैं। सूच्याकार हाथ (Conic Hand), दार्शनिक हाथ (Philosophic Hand) और अतीन्द्रिय हाथ (Psychic Hand) में इस रेखा का फल आधा रह जाता है।

मेरा अपना अनुभव यह है कि जिन हाथों में सूर्य रेखा के साथ, लम्बी और अच्छी मस्तिष्क रेखा होती है तथा जीवन रेखा से निकलकर कोई रेखा बृहस्पति पर्वत तक जाती है, वे जातक अच्छी विद्या पाते हैं, ज्ञानी होते हैं, उनमें रिसर्च करने तथा नया ज्ञान पाने की अत्यधिक लालसा होती है। अतः सूर्य रेखा को विद्या की रेखा कहना भी सर्वथा उचित है। साधारणतया जीवन रेखा से बृहस्पति क्षेत्र की ओर जाने वाली रेखा तथा मस्तिष्क रेखा की लम्बाई से भी जातक के एकेडेमिक क्वालीफिकेशन (Academic Qualification) का ज्ञान हो जाता है लेकिन सूर्य रेखा/विद्या रेखा होने से जातक उच्च शिक्षा के साथ उच्च पद तथा यश पाता है।

यह रेखा भाग्य रेखा की भगिनी रेखा (Sister Line) भी मानी जाती है अर्थात् 'भाग्य रेखा' नहीं होने पर 'सूर्य रेखा' द्वारा जातक के भाग्य तथा यश की गणना की जाती है। यह रेखा कम हाथों में मिलती है। इसी प्रकार 'सूर्य रेखा' नहीं होने पर भाग्य रेखा से ही जातक के भाग्य, धन, यश, वैभव, सफलता को जाना जाता है। ऐसे हाथों में जिनमें भाग्य रेखा और सूर्य रेखा दोनों नहीं हों तो जातक के भाग्य को जानने के लिए, हाथ का आकार, जीवन, मस्तिष्क तथा हृदय रेखाएँ, पर्वत, और अन्य शुभ चिह्नो व अँगुलियों को देखकर गणना करनी चाहिए। सूर्य

रेखा के अभाव में जातक को उचित यश नहीं मिलता। सूर्य रेखा को व्यक्ति के यश, सम्मान, विद्या, बौद्धिकता, कला और वैभव को जानने के लिए देखा जाता है। अच्छी भाग्य रेखा के साथ अच्छी सूर्य रेखा जातक की सफलताओं में चार चाँद लगा देती है। लेकिन इसके लिए प्रैक्टिकल टाइप का हाथ जैसे वर्गाकार या चपटा सबसे अनुकूल होता है। वैसे अन्य प्रकार के हाथों में ग्रहक्षेत्र, भाग्य तथा मस्तिष्क रेखा, अँगूठा और अँगुलियाँ आदि शुभ संकेत दे रहे हों तो भी अच्छी सूर्य रेखा अपनी चमक दिखा देती है।

सूर्य रेखा का लम्बा, गहरा और अशुभ चिह्नों से रहित होना उसे अच्छी सूर्य रेखा की श्रेणी में लाता है।

- भारतीय और पश्चिमी देशों के हस्तरेखा शास्त्री इसके महत्त्व को मानते हैं। लेकिन कुछ विद्वानों के अनुसार सूर्य रेखा तभी अपना पूरा चमत्कार दिखा पाती है जब हाथ की अन्य रेखाएँ भी अच्छी हों। हाथ में भिन्न-भिन्न ग्रहों की स्थिति के अनुसार जिस व्यवसाय में जातक लगा होता है उसमें अच्छी सूर्य रेखा महान् सफलता दिलाती है। यदि सूर्य रेखा के अन्त में सूर्य पर्वत पर तारा (Star) हो तो जातक अन्तर्राष्ट्रीय स्तर पर सफलता पा सकता है। सूर्य रेखा की रंगत गुलाबी रंग की रेखा: कला तथा साहित्य क्षेत्र में यश दिलाती है। पीली रेखा होने पर जातक अपनी कलात्मक रुचियों को पूरा करने में शारीरिक कमजोरी के कारण प्राय: सफल नहीं हो पाता।

- सूर्य रेखा का उदय: यह भाग्य रेखा, मस्तिष्क रेखा, हृदय रेखा, शुक्र क्षेत्र, मंगल के क्षेत्र या चन्द्र पर्वत के ग्रह क्षेत्र से निकल सकती है।

- भाग्य रेखा से निकलती सूर्य रेखा अथवा शुक्र-क्षेत्र की ओर से उदय होती हुई रेखा परिवार तथा घनिष्ठ सम्बन्धियों के सहयोग से सफलता और समृद्धि देती है।

- कभी-कभी यह रेखा केवल सूर्य क्षेत्र पर मिलती है, इससे यह विदित होता है कि व्यक्ति को अपने जीवन की अधेड़ावस्था या वृद्धावस्था में बड़ी सफलता मिलेगी।

- हथेली की शुरुआत से ही प्रारम्भ और सूर्य पर्वत पर अन्त होने वाली रेखा जातक को अपने क्षेत्र में अपूर्व सफलता तथा यश दिलाती है। (चित्र संख्या-21: 4)।

- यदि सूर्य रेखा का प्रारम्भ हृदय रेखा से हो तो व्यक्ति को अधेड़ावस्था के बाद से सफलता पाने का यश प्राप्त हो। यह उस व्यक्ति द्वारा अपनी

कल्पनाशक्ति का रचनात्मक प्रयोग करने अथवा हृदय को स्पर्श करने वाली घटना की प्रेरणा से होता है।

* सूर्य रेखा की चन्द्र क्षेत्र से शुरुआत होने पर जातक को अपने से भिन्न लिंग वाले व्यक्ति से सहायता मिलती है। इसके साथ ही यदि मस्तिष्क रेखा भी चन्द्र क्षेत्र का स्पर्श करती हो तो जातक को अपनी कल्पनाशक्ति का उपयोग साहित्य, संगीत तथा कला के क्षेत्र में करने से सफलता तथा यश प्राप्त होता है।

* ऊपरी मंगल क्षेत्र से शुरू होकर सूर्य क्षेत्र तक जाने वाली सूर्य रेखा वाला जातक अत्यधिक परिश्रम तथा साधना करने के बाद सफलता तथा प्रसिद्धि प्राप्त करता है। ऐसे व्यक्ति में धैर्य का गुण होना आवश्यक है जो उसमें पर्याप्त होता है।

* मस्तिष्क रेखा से निकलने वाली सूर्य रेखा जातक को अपनी प्रतिभा से धन तथा यश दिलाती है। उसे किसी की सहायता की आवश्यकता नहीं होती है।

* यदि हाथ वर्गाकार या चपटा हो और सूर्य रेखा हृदय रेखा से निकलती हो तो व्यक्ति में कला तथा कलात्मक वस्तुओं के प्रति अत्यधिक लगाव तथा उनका ज्ञान होता है। ऐसा व्यक्ति अपनी कलात्मक रुचि व ज्ञान का उपयोग व्यापार में करके लाभ तथा प्रसिद्धि पाता है।

* यदि शनि की अँगुली और सूर्य की अँगुली लम्बाई में लगभग बराबर हो और सूर्य रेखा लम्बी हो तो ऐसे व्यक्ति अपना जीवन तक दाँव पर लगा देते हैं। इस प्रकार के व्यक्ति जोखिम भरे कामों, जुए, सट्टा और दाँव व बाजी लगाने वाले खेलों मे भाग लेते हैं।

* सूर्य पर्वत पर अनेक रेखाओं का होना अधिक अच्छा नहीं होता है क्योंकि जातक कई कार्यों में अपनी शक्ति लगाता है जो सफलता में बाधक बनता है।

* सूर्य रेखा पर द्वीप का होना अपमान और कलंक लाता है। जातक पर यह कलंक उस समय तक रहता है जब तक द्वीप का प्रभाव बना रहे। (चित्र संख्या 10अ-इ)।

* भाग्य रेखा भी सूर्य रेखा के साथ हो तो यह अधिक प्रभाव दिखाती है।

* सूर्य रेखा पर चतुष्कोण का चिह्न जातक की कलंक या लोकनिन्दा से रक्षा करता है। धन-हानि से भी बचाता है।

* दोनों हाथों में सूर्य रेखा का होना, एक हाथ में होने से बेहतर सिद्ध होता है।
* चन्द्र और शुक्र क्षेत्र उठे हुए हों, नाखून छोटे हों और हाथ में अच्छी सूर्य रेखा हो तो जातक साहित्य, कला, फिल्म तथा पत्रकारिता के क्षेत्र में अच्छा आलोचक हो सकता है।
* चन्द्र क्षेत्र तथा शुक्र क्षेत्र उठे हो, मस्तिष्क रेखा का चन्द्र क्षेत्र पर झुकाव हो और साथ में अच्छी सूर्य रेखा हो तो ऐसा व्यक्ति साहित्य, कला तथा अभिनय के क्षेत्र में यश लाभ प्राप्त करता है।
* बुध तथा बृहस्पति क्षेत्रों का उठा होना तथा अच्छी सूर्य रेखा होना धन लाभ कराता है।
* हथेली के नीचे से निकलकर सूर्य क्षेत्र तक आने वाली लहरदार सूर्य रेखा धन, यश और वैभव की प्राप्ति में जीवनभर उतार-चढ़ाव दर्शाती है। (चित्र संख्या-15ब-ब) ऐसे जातक में सहनशक्ति का अभाव पाया जाता है।
* हथेली के नीचे से आती सूर्य रेखा का हृदय रेखा पर रुक जाना यह प्रकट करता है कि जातक के शुभ कार्यों में दूसरे बाधाएँ डालेंगे, जिससे वह अपनी योजना पूरी नहीं कर पायेगा। परन्तु यदि इसके बाद सूर्य रेखा फिर प्रकट हो और अपने स्थान तक पहुँचे तो जातक पुन: प्रयास करने पर सफल होगा।
* जीवन रेखा से निकलने वाली सूर्य रेखा, व्यक्ति को सौन्दर्य का पुजारी बना देती है। यदि हाथ सूच्याकार हो और अन्य रेखाएँ भी हों तो ऐसा व्यक्ति कला के क्षेत्र में अच्छी सफलता पाता है। (चित्र संख्या-16य-य)।
* सूर्य रेखा के प्रारम्भ में द्वीप होना, यह प्रकट करता है कि जातक जिस व्यक्ति (महिला या पुरुष) को प्यार करता है, उससे लाभ होगा।
* भाग्य रेखा में दोष, स्वास्थ्य रेखा में द्वीप और शनि पर्वत कुछ दबा होना तथा सूर्य रेखा का साधारण रूप में होना, आर्थिक रूप से दिवालिया होना प्रकट करता है।
* सूर्य रेखा का विवाह से कट जाना यह दर्शाता है कि जातक को विवाह या प्रेम में पड़ने से अपमान सहना पड़ेगा।

- मस्तिष्क रेखा चन्द्र क्षेत्र पर झुकती हो और सूर्य रेखा पर क्रॉस हो, जातक के मनोमस्तिष्क का सन्तुलन बिगड़ने एवं अस्थिरता की सम्भावना होती है।
- जातक को उस समय आर्थिक लाभ होगा जब चन्द्र व शुक्र क्षेत्र से आने वाली रेखाएँ सूर्य रेखा के साथ-साथ चलें पर उसमें मिलें नहीं।
- यदि कोई स्पष्ट रेखा शुक्र क्षेत्र से आ रही हो और सूर्य रेखा को काटे, यह किसी निकट सम्बन्धी से होने वाली हानि बताता है।
- यदि सूर्य रेखा से निकलकर ऊपर जाती किसी छोटी रेखा को या सूर्य रेखा को मंगल के क्षेत्र में, शुक्र पर्वत से आती कोई रेखा काटे तो मुकदमें में हानि होगी या शत्रु द्वारा आर्थिक हानि पहुँचायी जायेगी। इसके विपरीत ऐसी रेखा का सूर्य रेखा में मिलना मुकदमें में लाभ और शत्रु की हानि बताता है।
- यदि शनि क्षेत्र से आती रेखा से सूर्य रेखा कटे तो व्यक्ति को आर्थिक सामर्थ्य नहीं होने के कारण हानि होगी या वह अपना कार्य-व्यापार आगे नहीं बढ़ा पायेगा।
- सूर्य रेखा का कई स्थानों पर कटा होना जंजीरदार होना या टूटा होना, जातक की उन्नति में बाधाएँ आना प्रकट करता है। यदि इसके आगे रेखा स्वस्थ रूप में आ जाये तो बाधा समाप्त हो जायेगी।
- हृदय रेखा को जिस स्थान पर सूर्य रेखा काटे, वहाँ छोटा-सा धब्बा हो तो नेत्रों में विकार होगा। धब्बे के काले और गहरे होने पर जातक का अन्धा होने की सम्भावना।
- क्रॉस चिह्न जिस समयावधि में सूर्य रेखा को स्पर्श करता होगा, व्यक्ति की स्थिति आर्थिक दृष्टि से खराब रहेगी, वह अपनी कला या व्यापार प्रतिभा से पर्याप्त धन नहीं कमा पायेगा। चतुष्कोण या त्रिकोण होने पर आर्थिक संकट का समाधान होगा।
- सूर्य रेखा से निकलकर एक शाखा बुध पर्वत पर समाप्त हो तो जातक को व्यापार में सफलता मिलती है।
- सूर्य रेखा से निकलकर बृहस्पति क्षेत्र पर जाती रेखा जातक को सरकारी पद या सत्ता प्राप्त होना बताती है। यदि कोई शाखा शनि पर्वत या क्षेत्र पर पहुँचे तो व्यक्ति शिक्षा, विज्ञान या अध्यात्म के क्षेत्र में प्रतिष्ठित होता है।

❋ अनामिका अँगुली टेढ़ी हो, सूर्य रेखा पूरी तरह स्पष्ट, ऐसा जातक अपराधों की दुनिया में अपना प्रभाव जमा सकता है या उनको वश में कर सकता है। पर अन्त प्राय: अच्छा नहीं होता। शनि पर तारा हो या शनि से आती शाखा सूर्य रेखा से मिले तो ऐसा अधिक सम्भव होता है।

❋ सूर्य पर्वत या क्षेत्र पर सूर्य रेखा का अन्त होना जातक को कला या साहित्य के किसी क्षेत्र में ख्याति दिलाता है। सूर्य रेखा के समानान्तर या अँग्रेजी के वी (V) आकार की रेखाएँ भी दो स्रोतों से धन-यश दिलाती हैं। अन्त में एक अच्छा त्रिशूल सूर्य पर्वत पर हो या सूर्य रेखा ही त्रिशूल रूप रख कर समाप्त हो तो व्यक्ति को अपने प्रयत्न से धन तथा यश मिलेगा या सन्तान रेखा होने पर सन्तान से सुख व यश मिलेगा। परन्तु ऐसे व्यक्ति में अहंकार या मोह नाम मात्र का रह जायेगा। स्वाभाविक है कि व्यक्ति उस समय तक वृद्ध हो जायेगा और मोह तथा अहंकार अत्यधिक कम होने से वह सुखी रहेगा एवं आध्यात्मिक भाव का हो जायेगा।

❋ हाथ व रेखाओं में कोई दोष नहीं हो, सूर्य रेखा चन्द्र क्षेत्र से निकले अन्तर्ज्ञान रेखा स्पष्ट हो और हाथ का आकार अतीन्द्रिय श्रेणी (Psychic) का हो तो व्यक्ति आध्यात्मिक उन्नति करता तथा उसमें यश लाभ करता है।

अध्याय-१७

प्राचीन प्रमुख हस्तरेखा-योग

इन हस्तरेखा ग्रह योगों का उल्लेख भारत के प्राचीन हस्त-सामुद्रिक विशेषज्ञों के ग्रन्थों में पाया जाता है। प्राचीन भारत में गुरु-शिष्य परम्परा से इनका ज्ञान आगे की पीढ़ी को मिलता था। उस समय लेखन के लिए भोजपत्र का उपयोग किया जाता था। अधिकांश ज्ञान सूत्र रूप में शिष्यों को कण्ठस्थ करा देने की परम्परा थी। बाद में विद्वानों ने इन सूत्रों की व्याख्या की और कागज का आविष्कार हो जाने के बाद उनको पुस्तकों के रूप में लिखा गया। इस प्रक्रिया में जो मुख्य मूल बातें थीं वे छूट गयीं क्योंकि इन सूत्रों में उनका उपयोग नहीं है। उदाहरण के लिए जिन-जिन ग्रह योगों अथवा हस्तरेखा योगों में धन, यश, राज सम्मान आदि पाने का योग है, उनमें हाथ के आकार-प्रकार का वर्णन नहीं है। ऐसा, मेरे विचार से इसलिए किया गया कि यह तथ्य कि "हाथ के आकार-प्रकार का हस्तरेखाओं की व्याख्या में सबसे अधिक प्रभाव पड़ता है।" अधिकांश हस्तरेखा शास्त्रियों को ज्ञात था। अतः आध्यात्मिकता, आदर्शवादिता, गरीबी, दुःख, रोग आदि से सम्बन्धित हस्तरेखा योग में हाथ का आकार-प्रकार प्रारम्भिक (Elementary), दार्शनिक (Philosophic), अतीन्द्रिय (Psychic) मानना चाहिए। धन, सत्ता, यश आदि प्राप्त होने के योग में हाथ का आकार-प्रकार मिश्रित (Mixed), सूच्याकार (Conic), वर्गाकार (Square) चपटा (Spatulate) मानना ठीक रहता है।

ये 'हस्तरेखा योग' सूत्रों के रूप में हैं। इनमें कहीं एक (जैसे 5वें ब्रह्म योग में) दो, तीन या चार मुख्य-मुख्य बातों/तथ्यों का उल्लेख है। अतः यह मानकर चलना चाहिए कि जहाँ अन्य पर्वतों, रेखाओं, शुभ चिह्नों का उल्लेख नहीं है, वे शुभ फलादेश में वहां हैं, उदाहरणार्थ ब्रह्म योग में हथेली पर 'पताका' चिह्न का उल्लेख है, अन्य कुछ नहीं अर्थात् स्वस्थ भाग्य रेखा, जीवन रेखा, मस्तिष्क रेखा आदि उस हथेली में हैं तभी उसे धनवान और परमात्मा पर विश्वास करने वाला धार्मिक व्यक्ति बताया गया है।

इसके साथ यह जानकारी भी पाठकों को हो चुकी है कि दार्शनिक, अतीन्द्रिय और सूच्याकार हथेलियों की रेखाओं से तभी शुभ फल मिलता है जब वे पूरी तरह स्पष्ट, गहरी तथा उचित रूप में पतली हों। उन पर अशुभ चिह्न नहीं हों।

अब हम पाठकों की जानकारी के लिए प्रमुख हस्तरेखा योगों का वर्णन कर रहे हैं।-

1. मरुत योग

शुक्र पर्वत, गुरु पर्वत तथा चन्द्र पर्वत अपने आपमें उचित रूप में विकसित हों और चन्द्र रेखा (चन्द्रमा से शनि की ओर जाने वाली भाग्य रेखा) तथा शुक्र पर्वत पर बनी आड़ी-खड़ी रेखाएँ स्पष्ट हों, तो मरुत योग होना है।

ऐसा व्यक्ति बातचीत तथा व्यवहार करने में अत्यधिक कुशल होता है। अपने व्यापार को विस्तृत करता है। वह समय की माँग, अवसर और लोगो के स्वभाव जानने में निपुण होने के कारण अच्छा आर्थिक लाभ कमाता है और सुखी रहता है।

2. बुधयोग

एक अच्छी धनुषाकार रेखा चन्द्रपर्वत से बुध पर्वत पर पहुँचती हो, दाहिने हाथ में बुध पर्वत अपने स्थान पर पूर्ण विकसित हो तथा यह पर्वत किसी ओर झुका नहीं हो। ऐसा व्यक्ति व्यापार में बहुत अच्छा धन कमाता है। उसे यश और सम्मान भी मिलता है।

3. इन्द्रयोग

मंगल पर्वत स्वाभाविक रूप में विकसित हो, मस्तिष्क रेखा, भाग्य रेखा तथा सूर्य रेखा पूरी तरह ठीक और अच्छी हो।

इस योग वाला जातक शारीरिक रूप से बलिष्ठ, बुद्धिमान, चतुर तथा रणनीति बनाने में कुशल होता है। सेना या पुलिस में उच्च पद प्राप्त कर खूब धन-सम्मान अर्जित करता है। आयु रेखा/जीवन रेखा भी अच्छी होने पर लम्बी आयु भी पा सकता है।

4. विद्युत् योग

यदि तिल का चिह्न मणिबन्ध के ऊपर हो, तो इसे विद्युत् योग माना जाता है। ऐसा व्यक्ति राजाओं जैसा सुखी-समृद्धिशाली जीवन जीता है।

5. ब्रह्म योग

हथेली में किसी स्थान पर पताका (ध्वज) का चिह्न हो, ऐसा व्यक्ति परमात्मा पर पूर्ण श्रद्धा रखने वाला, धनवान तथा सामाजिक भलाई के कार्यों को करने वाला होता है।

6. चण्डिका योग

हथेली की चौड़ाई, हथेली की लम्बाई से कम हो, अँगुलियों में गाँठे नहीं हो,

सूर्य रेखा का उदय जीवन रेखा के प्रारम्भ से हो तथा वह सूर्य पर्वत या बुध पर्वत तक जा रही हों। ऐसा व्यक्ति धनवान, प्रतिभाशाली, दूसरों की भलाई करने वाला तथा उनको प्रसन्नता देकर स्वयं खुश रहने वाला होता है।

7. दरिद्र योग
हथेली में बिन्दु का चिह्न चन्द्र पर्वत पर हो, बुध की अँगुली पर तारे का चिह्न हो और सभी पर्वत उभरे हुए नहीं हो, ऐसा जातक धनवान घर में जन्म लेने पर भी अपने खराब कर्मों के कारण गरीबी का जीवन बिताता है।

8. शकट योग
शनि और चन्द्र पर्वत दबे हों, भाग्य रेखा अस्पष्ट तथा क्षीण हो। शुक्र पर्वत पर बहुत अधिक तिरछी और आड़ी रेखाएँ हों, इससे शकट योग बनता है। ऐसा जातक जिसमें उपर्युक्त शकट योग होता है वह जीवनभर दरिद्रता का कष्ट भोगता है। गरीबी के कारण उसे जीवनभर संघर्ष करना पड़ता है।

9. चक्रयोग
यदि हथेली में शनि पर्वत पर चक्र का चिह्न हो तो जातक धनवान, सम्पन्न, न्याय प्रिय तथा उच्च पद पाता है।

10. कानून या विधि योग
मणिबन्ध से उदय होकर कोई अच्छी रेखा बृहस्पति पर्वत पर जाये और भाग्य रेखा अच्छी हो तथा गुरु पर्वत/बृहस्पति पर्वत से निकलकर एक अच्छी रेखा जीवन रेखा से मिले तो ऐसा जातक एडवोकेट, जज अथवा अन्य कानूनी विद्याओं से धनार्जन करता है।

11. गजलक्ष्मी योग
आयु, स्वास्थ्य और मस्तिष्क रेखाएँ अच्छी हों, भाग्य रेखा दोनों हाथों में मणिबन्ध से शुरू होकर सीधी शनिपर्वत पर जाये, उसमें कोई अशुभ चिह्न नहीं हों, सूर्य पर्वत उचित रूप में उठा हुआ हों, ऐसा जातक मामूली परिवार का होकर भी उच्चस्तर की सफलता, सम्मान तथा यश पाता है। यदि जातक उद्योग-व्यापार में हो और इस सम्बन्ध में विदेश यात्रा करे तो उसे बहुत लाभ होता है। ऐसे जातक की यशगाथा उसकी मृत्यु के बाद भी बनी रहती है।

12. भास्कर योग
बृहस्पति पर्वत उठा हुआ हो, अच्छी बृहस्पति रेखा हो, साथ में सूर्य रेखा का बुध रेखा से सम्बन्ध हो और बुध रेखा का चन्द्र रेखा से सम्बन्ध हो, इस योग में सूर्य, बुध, बृहस्पति और चन्द्र पर्वत पूर्ण विकसित होने आवश्यक है।

ऐसे योग वाला व्यक्ति साहित्य, संगीत कला मे पूरी रुचि लेता है तथा कलाकारों एवं संगीतकारों आदि को आर्थिक सहायता व सम्मान देता है। वह मित्र बनाने की कला में निपुण एक प्रभावशाली व्यक्तित्व का स्वामी होता है। वह उद्योग, व्यापार आदि करता तथा ऊँचा लाभ कमाता है।

13. वेशियोग

हथेली में बुध मुद्रा (चन्द्राकार रेखा जो बुध पर्वत को घेरे हो) तथा शनि मुद्रा (Ring of Saturn) हो तथा इसके साथ ही हथेली में शुक्र मुद्रा हो, शुक्र मुद्रा से आशय (Girdle of Venus) है। इससे वेशियोग बनता है। इस योग का जातक लाखों कमाता है पर खर्च भी खूब करता है इसलिए वह विशेष धनराशि जोड़ नहीं पाता। परन्तु वह गम्भीर, चतुर तथा बातचीत करने में कुशल होता है। उसे समाज में सम्मान मिलता है।

14. गन्धर्व योग

सूर्य पर्वत उभरा हुआ हो, सूर्य रेखा स्पष्ट व अच्छी हो, दोनों हाथों में शुक्र पर्वत उचित रूप में पूरा उभरा हो और उन पर वर्ग (Square) का चिह्न हो, ऐसा व्यक्ति प्रसिद्ध गायक अथवा संगीतकार होता है। वह खूब धन तथा यश पाता है।

15. राजनीतिज्ञ योग

ऐसे योग में मध्यमा अँगुली नुकीली होती है। सूर्य रेखा अच्छी और विकसित। बुध पर्वत पर त्रिकोण का चिह्न होता है। ऐसा व्यक्ति राजनीति में चतुर और साहसी होता है। उसे उच्च पद की प्राप्ति होती है।

16. व्यापार योग

अनामिका का ऊपरी पोर वर्गाकार ओर बुध पर्वत विकसित हो तथा मस्तिष्क रेखा सीधी व स्पष्ट हो, ऐसा जातक एक कुशल तथा सफल व्यापारी होता है।

17. दिवालिया योग

भाग्य रेखा, मस्तिष्क रेखा और स्वास्थ्य रेखा तीनों कटी हुई हों तो जातक दिवालिया हो जाता है।

18. चोरी योग

बुध पर्वत विकसित हो और उस पर जाली (Grill) का चिह्न हो, कनिष्ठिका अँगुली के आखिरी पर्व पर बिन्दु या क्रॉस का चिह्न हो, तो जातक के धन की बार-बार चोरी होती है।

19. जुआ योग

मध्यमा (Middle Finger) और अनामिका (Ring Finger) लम्बी और बराबर हो, शनिपर्वत पर दोष हो, तथा वहाँ अर्धवर्त हो, ऐसा व्यक्ति जुआ खेलने का व्यसन पाल लेता है। और उसमे पर्याप्त धन जीतता-हारता है। अन्त अच्छा नहीं होता।

20 (अ) चिकित्सक योग

दोनों हाथों में बुध पर्वत उन्नत हो और बुध पर्वत पर 3 खड़ी रेखाएँ हो, ऐसा जातक कुशल चिकित्सक/डॉक्टर बनता है। अनेक खड़ी रेखाएँ होने पर रसायन शास्त्री।

20 (ब) शल्य चिकित्सक योग

उपर्युक्त के अतिरिक्त यदि जातक का मंगल पर्वत पूरा विकसित हो और मंगल रेखा भी अच्छी हो, तो जातक सफल सर्जन बनता है।

21. अन्तर्दृष्टि योग

मस्तिष्क रेखा पतली हो, कोई बाधा या दोष नहीं हो और वह लम्बवत् रूप में चन्द्रपर्वत पर गयी हो। ऐसा जातक दूसरे व्यक्ति के मन की बात जान लेता है।

22. दत्तकपुत्र योग

शनि रेखा का मंगल रेखा से सम्बन्ध हो, और शनि तथा मंगल दोनों ऊँचे उठे हो, ऐसा व्यक्ति किसी कारणवश पुत्र गोद लेता है पर ऐसे पिता तथा पुत्र एक दूसरे से वांछित सुख नहीं पाते।

23. भद्रयोग

बुध पर्वत विकसित हो, बुध रेखा गहरी, स्पष्ट और लाल रंग की हो, कोई कट नहीं हो तो ऐसा व्यक्ति असम्भव कार्य को भी सम्भव कर देता है। वह निडर, चतुर तथा तीव्र बुद्धिवाला होता है। व्यापार में सफल होता है।

24. सन्तानहीन योग

मध्यमा अँगुली के तीसरे पर्व (पोरे) पर तारे का चिह्न हो तथा स्वास्थ्य रेखा पर भी हो। ऐसे व्यक्ति की सन्तान नहीं होती।

25. शुभ विवाह योग

बृहस्पति तथा शुक्र के पर्वत उचित रूप में उभरे हो, भाग्य रेखा चन्द्र पर्वत से निकल रही हो और वह हृदय रेखा पर समाप्त हो, बृहस्पति पर क्रॉस हो तो ऐसे व्यक्ति को अच्छे स्वभाव वाला और प्रेम करने वाला जीवनसाथी/साथिन मिलता है।

26. अशुभ विवाह योग

विवाह रेखा पर द्वीप का चिह्न, भाग्य रेखा पर क्रॉस, शुक्र पर्वत पर लाल तारा और शुक्र पर्वत कम उभरा, ऐसे व्यक्ति का विवाह अशुभ सिद्ध होता है। पति-पत्नी दोनों में झगड़ा रहता है।

27. पति त्याग योग

यदि किसी महिला के बृहस्पति पर्वत पर चक्र का चिह्न हो तो उसका पति उसे त्याग देता है।

28. नाभास योग

किसी भी पर्वत या अँगुली के अन्तिम पोर पर स्वस्तिक (卐) का चिह्न हो, ऐसा जातक सब प्रकार के सुख प्राप्त करता है।

29. विष योग

बुध रेखा के नीचे अनेक काले बिन्दु हो, तो जातक की मृत्यु किसी शत्रु द्वारा विष देने से सम्भव।

30. श्री महालक्ष्मी योग

हथेली में कहीं भी तराजू का चिह्न हो, व्यक्ति न्यायशील व धर्म कार्य करने वाला होता है। उसे जीवन में पर्याप्त धन तथा यश मिलता है।

31. शश योग

यदि भाग्य रेखा हर प्रकार से अच्छी हो और वह मणिबन्ध से निकलकर सीधे शनि पर्वत के ऊपर तक पहुँच रही हो, ऐसा व्यक्ति अच्छी धन-सम्पत्ति, यश और राजनीति में उच्च स्थान प्राप्त करता है। शनि पर्वत तथा रेखा जितनी उत्तम होगी, वह उतना ही उच्च स्थान पायेगा।

32. जल सेना योग

हाथ लम्बा हो, चन्द्र पर्वत उठा हुआ हो, वहाँ से एक रेखा सूर्य पर्वत पर जा रही हो, भाग्य रेखा, तथा मस्तिष्क रेखा अच्छी व निर्दोष हो, ऐसा व्यक्ति जल सेना में उच्च पद पाता है।

33. उच्च सरकारी पद पाने का योग

कनिष्ठिका (बुध की अँगुली) अनामिका के तीसरे पोर से आगे तक लम्बी हो (तीसरे पोर के आधे भाग से अधिक लम्बी) भाग्य रेखा, सूर्य रेखा, मस्तिष्क रेखा अच्छी और बिना दोष के हों, बृहस्पति पर्वत उठा हुआ हो, ऐसा जातक उच्च सरकारी पद प्राप्त कर धन तथा यश पाता है।

34. विदेश यात्रा योग

(1) हाथ में चन्द्र पर्वत विकसित हो (उभरा हो) और उससे एक सीधी रेखा बुध पर्वत पर जाती हो या

(2) बुधपर्वत पर बुध की अँगूठी (Ring of Mercury) हो और उससे निकलकर एक रेखा चन्द्रपर्वत पर जाती हो।

(3) शुक्र पर्वत और चन्द्रपर्वत पूर्ण विकसित हों अथवा चन्द्र पर्वत से कोई रेखा शुक्र पर्वत पर जाती हो।

35. अभिनेता/अभिनेत्री योग

सूर्य रेखा के अन्त में नक्षत्र हो, सूर्य रेखा स्पष्ट, गहरी और किसी प्रकार के कट (Cut) या अशुभ चिह्न से मुक्त हो तथा पूरी लम्बी हो, सूर्य की अँगुली (अनामिका) नोकदार तथा लम्बी हो, मस्तिष्क रेखा चन्द्र पर्वत की ओर झुकाव लिए हुए हो, पूरी तरह लम्बी हो, भाग्य रेखा भी पुष्ट तथा लम्बी हो, ऐसा व्यक्ति निश्चय ही सफल अभिनेता/अभिनेत्री बनता है।

36. हत्यारा/हत्या योग

शुक्र वलय (Girdle of Venus) दोहरा हो, हृदय रेखा नहीं हो, अँगुठा छोटा, मोटा और पीछे मुड़ने में कठोर हो, पूरा हाथ सख्त हो ऐसा जातक हत्यारा हो सकता है।

37. शिक्षक/गुरु योग

सूर्य रेखा, भाग्य रेखा और जीवन रेखा तीनो समान रूप से लम्बी व अच्छी हों, बृहस्पति पर्वत पर क्रॉस हो, अनामिका से तर्जनी अँगुली (Index Finger) की लम्बाई अधिक हो, ऐसा व्यक्ति अच्छा शिक्षक बनता है।

38. एकाउण्टेट बनने का योग

सूर्य पर्वत अच्छा विकसित हो, उस पर अच्छी सूर्य रेखा हो, बुध पर्वत भी उठा हुआ हो साथ में अच्छी भाग्य रेखा हो ऐसा जातक सफल एकाउण्टेट हो सकता है।

39. इंजीनियर/अभियन्ता बनने का योग

बिना रुकावट वाली भाग्य रेखा, उभरा शनि पर्वत, बुध पर्वत पर 3 या 4 खड़ी रेखाएँ हों, अच्छी और लम्बी मस्तिष्क रेखा हो, हाथ वर्गाकार या चपटा हो, ऐसा व्यक्ति सफल वैज्ञानिक तथा इंजीनियर हो सकता है।

40. न्यायाधीश योग

भाग्य रेखा निर्दोष, पतली और स्पष्ट हो, सूर्य पर्वत उभरा और विकसित हो, बृहस्पति पर्वत पूर्ण विकसित हो तथा उस पर क्रॉस का चिह्न हो, भाग्य रेखा की कोई शाखा बृहस्पति पर्वत पर पहुँचती हो, अच्छी सूर्य रेखा हो, अँगूठा लम्बा तथा पीछे की तरफ झुका हो, ऐसा व्यक्ति प्रसिद्ध वकील, एडवोकेट और न्यायाधीश बन सकता है।

41. चित्रकार योग

चन्द्र पर्वत अच्छा उभरा हुआ हो, लम्बी हथेली हो, अँगुलियाँ सूच्याकार (Conic) हों ऐसा व्यक्ति अच्छा चित्रकार हो सकता है।

42. नृत्यकार योग

चित्रकार योग के साथ बुध पर्वत उभरा हो, अच्छी बुध रेखा हो तथा शुक्र पर्वत अच्छा विकसित हो, ऐसा स्त्री या पुरुष अच्छा तथा प्रसिद्ध नृत्यकार हो सकता है बशर्ते सूर्य रेखा एवं भाग्य रेखा अच्छी हों।

43. सम्पन्नता योग

निम्नलिखित योग सम्पन्नता देते हैं।-

- मणिबन्ध से भाग्य रेखा शुरू हो और बिना किसी अशुभ चिह्न या संकेत के सूर्य पर पहुँचती हो।
- शुक्र पर्वत के नीचे स्वस्तिक चिह्न हो।
- गुरु पर्वत बड़ा हो और उस पर से निकलकर एक अच्छी रेखा सूर्य पर्वत पर जा रही हो।
- कनिष्ठिका अँगुली अनामिका (Ring Finger) के पहले पोरे के आधे भाग से ज्यादा लम्बी हों, भाग्य रेखा या सूर्य रेखा लम्बी और बिना किसी बाधा के हो।

44. राज योग

गुरु या बृहस्पति पर्वत (Mount of Jupiter) पूरे रूप में उभरा हो और उसका उभार सबसे ऊँचा हो, (केवल शुक्र को छोड़कर) अन्य पर्वत भी उभरे हो, तथा सूर्य रेखा लम्बी स्पष्ट व बिना किसी कट या अशुभ चिह्न के हो, ऐसा व्यक्ति जीवन में बहुत उन्नति करता है और उसे कोई राजपद मिलता है।

45. नृप योग

सात में से कोई तीन ग्रहों के पर्वत बलवान हों, (अर्थात् उचित रूप में उभरे हो) कुछ लाली लिए हुए हों और उनसे अच्छी रेखाएँ निकल रही हों जो पूरी

तरह बाधा रहित हो, कोई अशुभ चिह्न नहीं हो तो ऐसा व्यक्ति किसी प्राइवेट संस्था या राज्य सरकार का उच्च पद प्राप्त करता है। आर्थिक दृष्टि से सम्पन्न होता है। सभी प्रकार के सुख व सम्मान पाता है।

46. कैलाश योग

पहले मणिबन्ध में मत्स्य आकार हो, और उससे निकलकर एक अच्छी रेखा चन्द्र पर्वत पर जा रही हो या (ब) हाथ में दो स्पष्ट सीधी निर्दोष जीवन रेखाएँ हों। अथवा (स) हाथ में दो भाग्य रेखाएँ हों और दोनों ही स्पष्ट और निर्दोष हों। अथवा (द) सूर्य पर्वत और बुध पर्वत से निकलकर दो रेखाएँ स्वास्थ्य रेखा पर जाकर मिलें और इस प्रकार एक स्पष्ट त्रिकोण बनायें। उपर्युक्त में से कोई भी एक होने से कैलाश योग बनता है। इसकी विशेषता यह है कि जातक आध्यात्मिक और भौतिक दोनों प्रकार के सुखों को प्राप्त कर आनन्दमय रहता है।

47. अमला योग

हथेली में चन्द्र पर्वत, सूर्य पर्वत तथा शुक्र पर्वत पूरे उभरे हों तथा बुध पर्वत पर आकर चन्द्र से आती रेखा मिलती हो, तो ऐसा जातक आर्थिक तथा भौतिक धन-सम्पदा पाता है और यशस्वी होता है।

48. सूर्य योग

सूर्य पर्वत विशेष रूप से विकसित, शेष पर्वत समान रूप से उभरे हों, सूर्य रेखा बलवान हो तो ऐसा व्यक्ति ऊँचे स्तर का प्रशासनिक अधिकारी या मैनेजर बनता है।

49. शनि योग

शनि पर्वत तथा शनि रेखा खास तौर से अच्छे हों तथा सूर्य और बुध पर्वत भी उठे हुए हों, तो ऐसा व्यक्ति अच्छी व सफलतादायक नीति बनाता, चलाता और सफल होता है। वह राजनीति में विशेष सफलता प्राप्त करता है। उसे धन तथा यश दोनों के लाभ होते हैं।

50. परश्चतुस्सार योग

शनि पर्वत, बृहस्पति पर्वत तथा बुध और सूर्य पर्वत दबे हों, ऐसा जातक जीवन में मानसिक तथा आर्थिक समस्याओं से जूझता रहता है।

51. गन्धर्व योग

दोनों हथेलियों में शुक्र पर्वत पूरा उठा हुआ हो तथा उन पर वर्ग का चिह्न, साथ में सूर्य पर्वत, सूर्य रेखा, चन्द्र पर्वत तथा चन्द्र रेखा भी बहुत अच्छी हो, ऐसा जातक नृत्य, नाटक, संगीत, अभिनय आदि कलाओं में प्रसिद्ध होता है और पर्याप्त धन अर्जित करता है।

52. नारियों में लोकप्रिय योग

शुक्र क्षेत्र उभरा और फैला हो, सूर्य रेखा तथा भाग्य रेखा आगे जाकर परस्पर मिल गयी हों, शुक्र पर्वत सर्वाधिक उभरा हो तथा शुक्र रेखा अधिक लम्बी हो ऐसे जातक में एक अव्यक्त आकर्षण शक्ति होती है उसे पर्याप्त धन सम्मान मिलता है। दूसरों को वश में करने की शक्ति होने के कारण उसके अनेक स्त्रियों से सम्बन्ध तथा विवाह होते हैं। ऐसा व्यक्ति बहुत लोकप्रिय होता है। इसे अनफा-शुक्रयोग भी कहते हैं।

53. केमद्रुम योग

शुक्र पर्वत और सूर्य पर्वत पूरी तरह विकसित नहीं हों तथा सूर्य रेखा और भाग्य रेखा टूटी हो तो ऐसा व्यक्ति सदा दूसरों पर निर्भर करता है।, बार-बार नौकरियाँ या व्यवसाय बदलता है और उसके मन में हमेशा दुःख भरे विचार रहते हैं।

54. अस्वाभाविक मृत्यु योग

(1) जीवन रेखा दोनों हाथों में समय से पहले टूट गयी हो।

(2) दोनों हाथों में जीवन रेखा पर क्रॉस का चिह्न हो।

(3) जीवन रेखा पीली, पतली तथा अस्पष्ट हो।

(4) चन्द्र रेखा आगे बढ़कर जीवन रेखा को काटकर शुक्र पर्वत पर पहुँच जाये। (5) जीवन रेखा तथा स्वास्थ्य रेखा जंजीरदार हो।

(6) हृदय रेखा, मस्तिष्क रेखा दोनों बीच में टूट गयी हों।

(7) शुक्र वलय (Girdle of Venus) के क्षेत्र में त्रिकोण का चिह्न हो तो सर्पदंश से मृत्यु होना सम्भव।

नोट: उपर्युक्त योगों में यदि कोई सहायक रेखा या शुभ चिह्न जैसे चतुष्कोण आदि हो तो जातक मृत्यु से बच जायेगा। ऊपर लिखे इस योग में से कोई एक योग हो तो मृत्यु की सम्भावना बतायी गयी है।

उपसंहार – सफलता और सकारात्मक जीवन शैली

इस शास्त्र का अध्ययन करने से हमें यह ज्ञान हो जाता है कि मस्तिष्क रेखा, अँगूठे से प्रकट होने वाली इच्छाशक्ति और तर्कशक्ति हमारे भाग्य को निर्धारित करने वाली प्रमुख शक्तियाँ हैं क्योंकि इनके अनुसार ही हम अपने निर्णय (Decisions) करते हैं जो हमारे दुर्भाग्य या सौभाग्य का निर्माण करते हैं।

इसी प्रकार जीवन रेखा का प्रारम्भ है तो अन्त भी। भाग्य रेखा से प्रेरित कठोर परिश्रम करने की साधना जहाँ कष्ट देती है वहीं उसी के फलस्वरूप ऊँचा पद, व्यवसाय या व्यापार भी। ऊँचा पद और व्यवसाय से अर्जित धन द्वारा सुख-सुविधाएँ मिलती हैं, साथ में जिम्मेदारियाँ और अनेक समस्याएँ! इस प्रकार जीवन में सुख-दुःख का चक्र चलता रहता है। जिस सुख-सुविधा के हम अभ्यस्त (आदी) हो जाते हैं वह सुख नहीं जरूरत बन जाती है। यही हमारे तन-मन और भौतिक जगत् के नियम हैं, अटल नियम।

दूसरा नियम सापेक्षता (Relativity) का है जैसे ए.सी (Air Conditioner) में रहने की आदत वाले को पानी का कूलर (Water Cooler) तकलीफ देता है, वहीं धूप में काम करने वाले को सुख! इसके अर्थ हैं कि संसार के सुख-दुःख, सफलता-असफलता सब व्यक्ति की आदत और परिस्थितियों के अनुसार सापेक्ष (Relative) हैं।

इन सब तथ्यों से यह सिद्ध होता है कि हमारे विचार करने का दृष्टिकोण, हमारी अपनी कामयाबियों और दुनिया को देखने का जो नज़रिया है, वही हमारे मन की खुशी या गम को तय करता है।

उपर्युक्त तथ्यों के आधार पर आप जातक की वर्तमान स्थिति तथा भाग्य रेखा व सूर्य रेखा देखकर उसको भविष्य में मिलने वाली सफलताओं आदि का अनुमान सही-सही लगा सकते हैं।

अपने गुणों, कामयाबियों और अच्छाइयों को अनुभव कर हम खुश रह सकते है। इस खुशी के बल से आत्मविश्वास बढ़ता है जो हमें अपनी कमजोरियों जैसे ज्यादा गुस्सा, जल्दबाजी, आरामतलबी, लोभ, घमण्ड, जलन, अधिक कामुकता, कड़वे शब्द बोलना, नशा करना आदि पर विजय दिलाता है।

मस्तिष्क रेखा भाग्य रेखा और हृदय रेखा (अन्य रेखाएँ भी) से पता चलता है कि किस प्रकार हमारे 90% दुर्भाग्य के कारण हमारे हानिकारक विचारों तथा आदतों के बीजों में छिपे होते हैं। उदाहरणार्थ, जल्दी से जल्दी धनवान बनने के लोभ में हजारों लोग जेलों में पड़े हैं। भ्रष्टाचार, अत्याचार और अपराधों द्वारा कमायी अशुभ लक्ष्मी अन्त में व्यक्ति और उसके वंश का नाश करके ही जाती है।

इसी प्रकार नशे का प्रयोग, जल्दबाजी, अन्धविश्वास, गुस्सा, अधिक कामुकता, अति भावुकता, घमण्ड आदि के कारण लोग तरह-तरह के झंझटों, रोगों, दुर्घटनाओं, शत्रुता, हत्या आदि का शिकार बन दुर्भाग्य के कष्ट झेलते हैं।

इन दुर्गुणों को वश में करना हमारे-आपके हाथों में है। इन्हें दूर कर हम अपने जीवन को सौभाग्यशाली तथा सफल बना सकते हैं। यद्यपि यह भी सही है कि इन्हें वश में करने के लिए हमे कठोर आत्मसंयम (Self Control) करना होगा, अपने मन को वश में करने के लिए सकारात्मक जीवन शैली (Positive Life Style) को अपनाना होगा। सम्भव है मनोविशेषज्ञों (Psychologists) से भी सलाह लेनी पड़े। लेकिन दुर्भाग्य सहने की नारकीय पीड़ा से बचने की यह कीमत ज्यादा नहीं।

- तो पहली सबसे महत्त्वपूर्ण बात यह कि हम अपनी सफलताओं, उपलब्धियों (Achievements), सुख-साधनों, गुणों आदि को गिनकर और यह देखकर कि लाखों ऐसे लोग है जो उनसे वंचित हैं, अपने मन में खुशी उत्पन्न कर सकते हैं। यही खुशी हमें भूखे को भोजन देकर, रोगी का इलाज करवाकर तथा दूसरों को खुशी देकर भी मिलती है, वास्तव में यही परमात्मा की सच्ची सेवा है। यही हमें सौभाग्यशाली बनाती है। यह खुशी आपके हाथ की मुट्ठी में है। इसके लिए आपको किसी व्यक्ति या वस्तु का गुलाम नहीं होना चाहिए।

- खुशमिजाज, व्यवहारकुशल और प्रैक्टिकल टाइप के आदमी से सभी लोग खुश रहते हैं, यहाँ तक कि शनि महाराज भी उन्हें वरदान देकर जाते हैं।

- खुश रहने से व्यक्ति की कार्यकुशलता बढ़ती है जिससे उसे उन्नति करने में सरलता होती है। इसके विपरीत उदासी, निराशा आदि नकारात्मक विचारों से हमारी कार्य करने की कुशलता बहुत कम हो जाती है, जो दुर्भाग्य लाती है।

❈ मेरे जीवन का यह क्षण जैसा भी है सुखद है, आनन्दमय है। यह जीवन अपने-आपमें सबसे बड़ी उपलब्धि और सबसे बड़ा प्रभु का वरदान है। मैं जानता हूँ कि इस पृथ्वी पर मैं कुछ ही समय के लिए आया हूँ और जाते समय जमीन-जायदाद दूर, अपना शरीर भी साथ नहीं ले जा सकूँगा। क्यों न मैं इस वर्तमान क्षण को ऐसी खुशी से भर दूँ जिसे मैं सकारात्मक दृष्टिकोण से रच सकता और अनुभव कर सकता हूँ और उस खुशी की मधुर-मस्त सुगन्ध को आप तक पहुँचा सकूँ।

❈ 'परमात्मा आपको दिल चाहा प्यार और मनचाही सफलता दें,' इस दिल से निकली शुभकामना के साथ **'हस्तरेखा विज्ञान'** का यह छोटा-सा साधक आपसे विदा माँगता है।

अंक ज्योतिष विज्ञान एवं भविष्यफल

लेखक: अरुण सागर 'आनन्द'
टाइप: पेपरबैक
भाषा: हिन्दी
पृष्ठ: 228

अंक ज्योतिष पर आधारित यह पुस्तक साधारणत: बोलचाल की भाषा में लिखी गयी है। प्रस्तुत पुस्तक की भाषा सरल एवं सहज है कि साधारण से साधारण पढ़ा-लिखा व्यक्ति भी इसे आसानी से समझ लेगा तथा इसका पूरा लाभ उठा सकने में सक्षम होगा।

इस पुस्तक में लेखक का 25 वर्षों के 'ज्योतिष विषय' के पठन-पाठन के मूल मंत्र तो समाहित हैं ही, साथ-साथ इसमें भाषा-शैली की वह रवानगी है कि आप इसे बिना किसी शब्दकोश के पढ़ने में सक्षम होंगे।

जैसा कि हम सब जानते हैं कि भविष्य जानने की इच्छा मनुष्य के मन में आदिकाल से रही है। आज भविष्य जानने की कई विधायें प्रचलित हैं, जिनमें जन्म-कुण्डली, प्रश्न-कुण्डली, रमलशास्त्र, हस्तरेखाशास्त्र आदि प्रमुख हैं। परन्तु 'अंक ज्योतिष' एक ऐसी विधा है जिसका प्रयोग अन्य सभी विधाओं में किसी न किसी रूप में अवश्य किया जाता है।

हमारी सभी पुस्तकें www.vspublishers.com पर उपलब्ध है।

आओ ज्योतिष सीखें

लेखक : तिलक चन्द 'तिलक'
टाइप : पेपरबैक
भाषा : हिन्दी
पृष्ठ : 122

चमत्कारी ज्योतिष विद्या में इतना आकर्षण है कि करोड़ों लोग इसे सीखना चाहते हैं। इसीलिए पाठकों की सदा यह चाह रही है कि सरल, सुबोध एवं रोचक शैली में लिखी एक ऐसी प्राथमिक पुस्तक मिल जाये, जिसे पढ़कर ज्योतिष सीखी जा सके। तिलक चन्द 'तिलक' ने सही मायने में इस उद्देश्य की पूर्ति की है। इस पुस्तक में आप पायेंगे -

➤ ज्योतिष की उत्पत्ति एवं महत्त्व
➤ ज्योतिष की उपयोगिता
➤ ज्योतिष शास्त्र के भेद
➤ आकाश परिचय, सौर मण्डल की उत्पत्ति,
➤ ग्रह परिचय, नक्षत्र एवं राशि परिचय तथा
➤ कुण्डली क्या है, कुण्डली का महत्त्व, जन्म कुण्डली के बारह भाव, जन्म कुण्डली के प्रकार, जन्म राशि जानना, जन्म पत्रिका के रूप, कुण्डली बनाने की सरल विधि, बारह राशियों में ग्रहों की स्थिति के फल, जन्म नक्षत्र फल, जन्म राशि फल, जन्म कुण्डली से भविष्य फल जानना।

हमारी सभी पुस्तकें www.vspublishers.com पर उपलब्ध है।

भविष्य जानने की सरल विधि

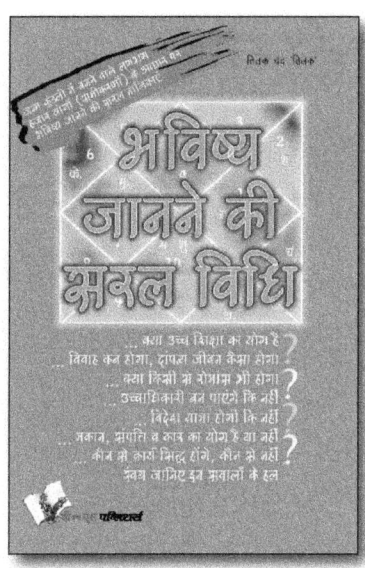

लेखक: तिलक चन्द 'तिलक'
टाइप: पेपरबैक
भाषा: हिन्दी
पृष्ठ: 128

सब कुछ नष्ट हो जाने पर भी भविष्य बाकी रहता है। —बोवी

व्यक्ति के जन्म के समय विभिन्न ग्रहों की स्थिति के आधार पर कुण्डली बनायी जाती है। इन ग्रहों की स्थितियों के अनुसार विभिन्न योग बनते हैं। इन योगों के निश्चित परिणाम यानी फल होते हैं, जिनके आधार पर व्यक्ति के जीवन की घटनाओं-दुर्घटनाओं, लाभ-हानियों को आसानी से पढ़ा जा सकता है। ऐसे ही अति महत्त्वपूर्ण योगों का यह संग्रह है। प्राचीनकाल से अपनी प्रामाणिकता सिद्ध करते चले आ रहे योगों को लेखक ने खोज-खोजकर इस पुस्तक में संकलित किया है।

पुस्तक की विशेषताएँ:

➢ इसमें 201 राजयोगों के अन्तर्गत विपरीत राजयोग, सत्ता का सुख एवं उच्च पदाधिकारी योग जैसे अनेक योगों की जानकारी समाहित की गयी है।

➢ इसी प्रकार धन सम्बन्धी 137 योगों में अचानक धन मिलने, गड़ा-छिपा धन पाने आदि के साथ यश और शिक्षा आदि से सम्बन्धित योगों का भी वर्णन है।

➢ वैवाहिक जीवन के 252 योग भी दिये गये हैं, जिनमें विवाह, प्रेम विवाह, वर-कन्या चुनाव, दाम्पत्य जीवन, सन्तान/पुत्र प्राप्ति कब और कैसे सम्बन्धी अनेकानेक योगों का एक जगह पहला संकलन है।

➢ इसमें दिये गये सभी विशेष योग जीवन की विभिन्न समस्याओं के समाधानों को खोज-खोज कर संकलित किये गये हैं।

➢ कुल मिलाकर इसमें 891 योगों का श्रेणीबद्ध वर्गीकरण तथा जीवन के महत्त्वपूर्ण प्रश्नों के उत्तर।

हमारी सभी पुस्तकें www.vspublishers.com पर उपलब्ध है।

मंत्र रहस्य

लेखक : डॉ. नारायणदत्त श्रीमाली
टाइप : पेपरबैक
भाषा : हिन्दी
पृष्ठ : 380

विश्वविख्यात आध्यात्मिक पुरुष की यह अनूठी पुस्तक है। इसमें मन्त्रों के सफल प्रयोगों पर आधारित प्रामाणिक व सचित्र विधियाँ दी गयी हैं, जिनके असंख्य दुर्लभ मन्त्रों से साधक एक सफल मन्त्रशास्त्री बन सकता है। इस पुस्तक में मन्त्र के अर्थ, महत्त्व, एवं मन्त्र सिद्धि के उपाय आदि के बारे में क्रमबद्ध जानकारी वर्णित है।

— — — — — — — — — — — — — —

तांत्रिक सिद्धियां

लेखक : डॉ. नारायणदत्त श्रीमाली
टाइप : पेपरबैक
भाषा : हिन्दी
पृष्ठ : 191

विश्वविख्यात योगाचार्य तथा तन्त्र-मन्त्र शास्त्री की यह लोकप्रिय पुस्तक है। तन्त्र के क्षेत्र में यह पहली प्रैक्टिकल व्यावहारिक पुस्तक है, जिसमें तान्त्रिक सिद्धियों को प्राप्त करने के प्रयोग, मार्ग में आने वाली बाधाओं को दूर करने व सफलता प्राप्त करने की साधना दी गयी है।

हमारी सभी पुस्तकें www.vspublishers.com पर उपलब्ध है।

अनिष्ट ग्रह ज्योतिष

लेखक: लक्ष्मीनारायण शर्मा
टाइप: पेपरबैक
भाषा: हिन्दी
पृष्ठ: 288

अनन्त आकाश में फैले अलौकिक शक्ति के परिचायक कोटि-कोटि तारों व ग्रह-नक्षत्रों के अदृश्य संकेत यथा भूकम्पों का आना, ज्वालामुखी फुट पड़ना, बर्फीली हवाओं का चलना, समुद्री तूफानों का जोर आदि विनाशकारी घटनायें पृथ्वी के जड़, चेतन प्राण ीवर्ग को हानि पहुँचाते हैं। ज्योतिष विज्ञान द्वारा इन सभी तथ्यों का पूर्वानुमान लगाकर इनसे बचा जा सकता है।
प्रस्तुत पुस्तक में प्रारम्भिक 3 अध्यायों में 1-ज्योतिष, कर्म और भाग्य/प्रारब्ध, 2-वैदिक गणित के नियमों/सिद्धान्तों के अनुसार लग्न ज्ञात करने की आसान विधि सहित जन्मकुण डली रचना, 3-ग्रह, राशि और नक्षत्र का समुचित वर्णन है। अध्याय-4 में जन्मकुण्डली के द्वादश भावों में नवग्रहों की अभीष्ट एवं अनिष्ट ग्रह स्थिति एवं प्रभाव दर्शाये गये हैं। इसमें मन्त्र शक्ति, यन्त्र बल, व्रत/उपवास लाभ, साधारण वस्तु दान, हवन-अनुष्ठान-यज्ञ करना, शुभ रत्न धारण करना, ग्रह सम्बन्धी रुद्राक्ष अपने पास रखना, बीमार होने पर औषध स्नान करना आदि उपायों की एक लम्बीश्रृंखला है। इसके अतिरिक्त गण, भकूट व नाड़ी दोष अपवाद, मंगलीक दोष परिहार, कालसर्प दोष उपाय, शनि की साढ़ेसाति व ढ़ैया का बचाव के उपाय, पितृदोष/मातृदोष व उपाय, चुनावी समर जीत के उपाय, विदेश प्रवास के उपाय का उल्लेख है।

हमारी सभी पुस्तकें www.vspublishers.com पर उपलब्ध है।

www.ingramcontent.com/pod-product-compliance
Lightning Source LLC
Chambersburg PA
CBHW072148160426
43197CB00012B/2290